あした死んでもいい身辺整理

これからの暮らし

お片づけ大人気ブログ
『ごんおばちゃまの暮らし方』主宰
ごんおばちゃま

興陽館

身辺整理していますか？

どこから手を付ければいいのかしら、
何から始めていいのか、わからない、
という人へ。

大丈夫、身辺整理にはやり方があります。

身辺整理、まだ早いのでは？
という人へ。

身辺整理はもう終わりだから、
というものではなく、
これからもっと自由に心地よく暮らすための片づけです。

身辺整理はこれからの暮らしを変える大規模な片づけです。

とにかく一気に片づけましょう！

暮らしやすいこれからの生活のために今できること。

それが「あした死んでもいい身辺整理」です。

よし！
やりきってしまうわよ！

強い信念でやってみましょう。

わしの経験上、正しいのはこっち!!
こっちのがラクよ〜
NO!!

はじめに――身辺整理は夢のある片づけ

え！
身辺整理！
早すぎない？
遅すぎない？
この本を手に取ったあなたは、もしかしたらそう思っているかもしれませんね。
大丈夫です。

私がこの本に書いた「身辺整理」は人生を終えるためのものではありません。
これからの人生をより良く過ごすための夢のある片づけであります。
早すぎることも遅すぎることもありません。

あなたがやること――
最初の一歩を踏み出してみてください。
動き始めると後は大丈夫。
片づけに入念な準備も難しい知識もいりません。
とにかく今ここからスタートしましょう。
あなたの現場（お部屋）ではあなたが指揮者であり監督です。
どんな問題もあなた自身が采配し解決していくのです。
思うがままにあなたの裁量で進めていきます。
まずはぐるりと家中を見回してみてください。

私たちは今までたくさんのモノと付き合ってきました。

そこかしこに使っているモノと使ってないモノが混在している、いらないモノが山ほどある。

その山はややもすると崩れそうでもあったり……。

生活が圧迫され、がんじがらめになって疲れてしまっている……。

毎日の暮らしの中で煩雑で片づかないモノたち。

そうこうしているうちに、いつかは誰もが老後を迎えます。


体が思うように動かなくなったらと思うと早く片づけておきたい。

もちろんそうは思うのだけれど、なかなか腰が重くて動けない。


いろいろ考えすぎて今まで躊躇していた片づけ。

今日から一歩前へ踏み出してやってみようじゃありませんか。

今だけ頑張れば後はケセラセラ!!

それならあなたも頑張れると思いませんか。

大掛かりな片づけはこの一瞬だけと思えば本気になれます。

とは言っても、この気持ちが長続きしなくなることも時にはあります。

用事や野暮用が突然入って、容赦なくさえぎられることもあるでしょう。

あなたのやる気をなくすことは至るところで待っています。

片づけても片づけても終わりそうもないことに疲れたり、落ち込んでしまったり、やる気満々だった心の風船もしぼんでしまうこともあるでしょう。

気力を取り戻して、希望でいっぱいの元の風船にするには、「自分はできるんだ!」「自分ならやり切れる!」と自分を信じることです。


できないと思えばきっとできません。

できると思えばできます。

アスリートの皆さんが「できる自分」を想像し、「表彰台に上がる自分」を想像するというあれです（私たちだって彼らと同じ人間です）。

それがゴールにたどり着ける強い信念となります。

あきらめず強い信念でやり遂げると何やら自信が持てるようになります。

お年頃になって自分に自信が持てると、次の人生への大きなステップにもなります。

ああだこうだと考えない。やってみて動いてみてから考えましょう。それからでも遅くはありません。


大掛かりな身辺整理は「やるっきゃない」「やってみよう」と、一歩を踏み出すことからはじまります。これは終わりのための第一歩です。

はじめにも申しましたように、ここで言う終わりとは人生の終わりではありません。これまでの区切りの終わりという意味です。

そしてこれが終われば新しいスタートが待ち受けています。

さあ勢いをつけて、ジャンプ!!です。

あした死んでもいいと思えるほど片づいたら、あなたの人生は見違えるほど新しく生まれ変わっていくはずです。

一気に身辺整理、始めませんか？

人生は1度きり。これまで生きてきて、気づいたら折り返し地点も過ぎている、これからは本当に自分の想う暮らしにしたい！

そのためには身辺整理を始めることです。

この片づけが済めば、大事な書類は必要な時にはすぐに取り出せる、急な用事が入っても必要なモノがすぐに揃う。

家の中は余分なモノがなくなっている。

身辺整理をすることで生きやすくなります。

やるのはあなた自身。

一から十まであなたが自分で片づけていくわけですから、どこに何があるかすべてが自分の頭の中に入っているわけです。
片づけたことによって家族との些細なトラブルもなくなります。
今までと違って気持ちまでスッキリします。

私自身、身辺整理が済んだ後は頭の中が整理され、どうでもいいことにこだわったり、つまらないことを気にかけることもなくなりました。
小さなことに神経を使うのはストレスにもなり時間ももったいないですよね。

この片づけは一気にやる方法です。
ぜひ集中して真剣に取り組んでみてください。
これからの生活のために今できることをしっかりやりましょう。
それが「あした死んでもいい身辺整理」です。

目次

目次

1 食事、お金、病気、これからの暮らし　176

目次

3 整理整頓・収納

目次

第1章

「身辺整理」で人生の清算をする！

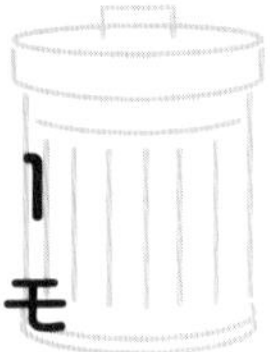

1 モノの清算をする

身辺整理は5つの清算をすること

1 モノの清算をする
2 人間関係の清算をする
3 お金の清算をする
4 時間の清算をする
5 今までの暮らし方の清算をする

まずはあなたの暮らしぶりを見つめ直し、この5つの清算をすることから始めます。

モノは目に見えます。あなたがその気になって清算すれば、不要なモノはきれいさっぱりなくなります。

そうなれば必ず達成感が味わえます。

「身辺整理」まず始めること

身辺整理するにあたり、コツコツ片づけていく方法と一気に片づけていく方法があります。

今回は一気に片づけていくやり方で進めていきます。

身辺整理では具体的に何をすればいいのか？

それはモノを減らすことです。

具体的な方法とは何ですか？

という質問には、ズバリ！

使っていないものを※抜くことです。

（※ごんおばちゃまの抜くとは、①譲る、②売る、③支援物資にする、④捨てる、です。この４つの方法で家の中から外に出していくことを言います。）

いくら強く願っても、部屋の中にモノがいっぱいあると片づきません。

そこが一番のミソです。

「そんなの当たり前です」という答えが返ってくるかとは思いますが、それは頭でわかっていることであって、実際には対策を立てていないからモノが家を占領しているのです。

対処しなければ毎日何かしら増え続けて、モノはどんどん山積みになっていきます。

それを打開するには、モノを抜いて少なくしていくこと。

ただただ整理整頓だけをしていたのではどうにもなりません。

ごんおばちゃまの片づけ方法

まずあなたが最初に手を付けるのは、部屋の中に雑然と散らかっているモノからではなく、クローゼットや押し入れなどの収納場所の中にあるモノからです。

なぜなら部屋にあるものは最近使ったモノで、必要なモノであることが多いからです。それに比べて押し入れ等の収納場所にあるモノは、日頃使っていない放置されたモノが多く、スペースを占領しています。そういったモノから抜いていかないと、いつまで経っても片づきません。

肝心の普段使っているモノが仕舞えない。

押し入れでも洋服クローゼットでもそうですが、特に奥に収納されているモノはあなたに必要とされていないモノではないですか。手を付けられず何年もそのままの状態にあるモノたち。

そういったモノは一番の抜きの対象です。

抜き方の要領

まずはクローゼットからいらないモノ、使っていないモノをどんどん抜いていきます。

抜きながらビニール袋にその都度詰め込んでいきます。抜きながら同時に、譲る、売る、支援物資にする、捨てるという4つの方法でビニール袋に詰めていきます。袋がいっぱいになれば口を縛って完成です。こうすることで、それぞれゴミに出せる状態になります。これでゴミ出しの仕事が早くなります。

袋に入らない大きなものは1か所に集めて置いておきます。

いつまでも家に置いておくと、まだ捨てたくないという気持ちがむくむくと復活してくることにもなりかねません。

いったん抜くと決めたモノはさっさと次の行動に移しましょう。清算するには思い切りが大事です。

袋に詰め込んだガラクタは、ゴミ収集日にすぐ出します。ゴミをいつ出してもいいマンションなどでは、整理したガラクタはその日のうちに出してしまいます。

ゴミはできるだけ家に置いておかない、すぐ出す。

これを徹底します。

ここでちょっと考えてほしいのは「譲る、売る」の袋です。モノを譲るといっても、私たちが持っているモノは、どこの家にもあるモノが多いのではないでしょうか。私たちがいらないモノは誰も欲しがらないでしょう……その点も考えて分別していきましょう。

私の家では、「譲る」の袋にはほとんど何も入りませんでした。今は日進月歩で次々といいモノが誕生しています。一昔前のモノは誰ももらってくれないと考えていいと思います。

せっかく譲ろうと思っても「いらない」と言われたらがっかりします。また、なかなか声をかけられず、そのまま置いておくのもいけません。いつか譲ろうと思っていつまでも家の中に置けば、抜きの作業は進んでいないことになります。

いらなくなったモノを「譲る、売る、支援物資にする」と考えていても、すぐに次の行動を起こさなければモノは停滞します。あなたがすぐ行動するタイプかそうじゃないのか。すぐに行動するタイプでなければ、モノを「捨てる」という方向に切り替えることも必要です。

すぐに行動するようになれば抜き作業はぐんと加速度が増します。譲らない、売らないとなると捨てる判断も早くなり、思い悩むこともなくなります。

大掛かりな抜き作業はとてつもなく大変な作業です。しかし、時が経てばモノがない、きれいな部屋が当たり前になります。そうなると、頑張ってモノを処分した記憶も薄れてしまいます。処分するモノは写真に撮っておくといいです。処分したゴミがどれだけあったのか後で見ることができます。そして何より頑張った自分に感激しますよ。

写真が無理ならばメモを残しておくのもいい方法です。

今回の片づけは、部屋中のすべての収納場所から、徹底的に不要なモノを抜くこと。とにかく早く片づけたいとのことですから「もう少し考える」という猶予がありません。

クローゼット、押し入れ、タンス、プラスチックボックスの中など、すべての収納場所から今も今後も使わないであろう不要なモノをしっかり抜いていきます。

中身がガラガラになれば、次は、部屋に出しっぱなしのモノの定位置を決めて収納していきます。

そして、片づける期限を決めます。

例……
○月○日（午前中）廊下のクローゼット
○月○日（1日）1階押し入れ
○月○（午後から2時間）靴箱
こんな風にあらかじめ目標を決めておきます。こうすることで漠然とやるよりは何倍も早く、目の前にある目標に向かって進めます。

期限を決めることは非常に重要なことです。

押し入れも、物置も、クローゼットも、引き出しも、すべてこの要領で抜いて片づけていきます。

身辺整理でつまずかない！

それは「もったいない」とささやいてくるもう一人の自分との闘いです。自分は処分しようと思っているのに、なぜか「でもまだ使えるよ、壊れていないからもったいないよ」とささやいてくるもう一人の自分が片づけをやめさせようとします。何かしようとした時、必ずと言っていいほどふっと現れてきて、私も何度悩まされたことかしれません。「片づける！」というと現れてくるのがもう一人の自分です。

本当に「身辺整理する」と決断したのが本当の自分です。もう一人の自分とはさよならしましょう。反対意見を言われたらたまったもんじゃありません。やると決めた自分が本当の自分です。惑わされず断固としてやりきってしまいましょう。そうすれば、これからのあなたの人生は大いに身軽になります。気がかりな気持ちからも、息苦しさからも解放されることでしょう。

もう一人の自分に引き戻されない強い自分になってくださいね！

次につまずく要因は、一緒に住んでいる家族です。何でも取っておきたいパートナーにどのように伝えれば納得してもらえるのか。自分はもう抜こうと思ってゴミ袋に入れているのに、パートナーが「それまだ使える。もったいない」と横やりを入れてくる場合、最初に「なぜ片づけるのか」ということを話し合っておく必要があります。

私のことを言えば、「家の中をすっきりさせたい。それにはいらないモノは処分するわね、あなた」と言って片づけ始めました。もちろんおいちゃん（私の夫……以後夫のことをおいちゃんと言います）のモノは一切手を付けません。「あなたも捨てたら」と促すようなことは言いません。

「いらないモノをいっぱい残していたら、いざ私がいなくなった時、子供たちに始末してもらわなければならないでしょ。このまま片づけずにいたらあの子たちに迷惑をかけることになるからね、それがたまらなく嫌なのよ」と……。

実際、遺品整理は本人以外の人が大変な思いで行うことになります。お金も相当かかるということも（そのあたりのことは男性は知らないのではないでしょうか）きちんと伝えておかないと、ことごとくぶつかり、片づけが前に進みません。

パートナーがいない隙にこっそり捨てたという人もいらっしゃいますが、できればお互い納得し合い、パートナーの目の前でも正々堂々？と片づけができればいいですよね。


ここでひとつ、ごんおばちゃまからアドバイスいたします。

これらの抜き作業は体がくたくたになるまでやらないことです。いくら短期間でやるといっても、体が資本。

余力を残して一日を終え、しっかり寝て次の日にはまたエネルギーをチャージして気分を一新して抜き作業に励んでください。

自分のパワーと相談しながらパワーが落ちないように自分ができる時間をつかんでいきます。人とは比べません。どれだけの時間やるかの目安も自分です。体と相談してくださいね。
※やりすぎるとその時はいいのですが、逆にやる気が失せてやれなくなるので気を付けましょう。
ここで注意するのは、パートナーの個人的なモノには手を出さない、片づけようとしない、相手をなじらない、ということです。しかし台所のモノとか、押し入れの布団とかは、あなたが主導権を持って処分なさってください。

「抜く」基準を決める

あなたは今まで捨てきれずため込んできた数々のモノをどうしていますか？
それらの中からあなたが本当に必要なモノだけ残しましょう。いらないモノは抜いて、使えないモノは捨てる。結婚して40年。私もずいぶんといらないモノ、使えないモノを抜いてきました。捨てたモノはびっくりするほどありました。粗大ゴミを何度市の焼却場へ運びこんで処分したかしれません。洋服ダンスはのこぎりで切って持って行ったこともあります。今思うとすごい頑張りですよね。

あの頃は私もまだ若くて元気がありました。

今となってはそれらすべてがいい思い出です。そして、今私はとても楽に幸せに暮らせています。モノの量が減ったことで日々の片づけ自体が楽になりました。気分が楽なうえ「この荷物何とかしなければ」という強迫観念もありません。体も楽になり、もう思い残すことはありません。あの頃、それぐらい熱心に片づけをやりましたもの。

お年頃になってくると、モノがあっても使っていないことに少しマヒしてしまいがちです。「まだ使えるから」と考え、モノを処分の対象として見ていません。だから使っていないモノが場所を占領し、いつまでもモノが減らないのです。

使っていないモノは率先して抜いていきましょう！　購入時のまま袋に入っているモノは、使っていない何らかの理由があるはずです。多分買ったことでストレスを発散したのではないでしょうか。このまま置いていてもきっと使いません。抜きましょう！　そして、これからは衝動買いはやめましょう。

もし、使っていない、袋に入ったままだからもったいないと抜かなかった場合、また同じことを繰り返す恐れがあります。そうならないためにも、心を痛めてでもあえて抜きましょう。抜くことで、二度と同じことはしなくなります。

まっさらなまま捨てるのは本当にもったいないことです。心を痛めます。だからそうならないように、抜くことで次はよく考えて買うことができるのです。

〈基準〉

残すモノの基準は「使うモノ」です。

使っていないモノはこれからも使わないでしょうから抜きます。

先ほども言いましたが、「使わないけれど使えるから取っておく」はNGです。

家族分、夫婦二人分、あるいは一人暮らしにちょうどいい分のモノだけ持つようにします。

【抜いて処分する具体例】

モノは使ってなんぼです。使わずにそのまま置いておいても何の値打ちもありません（思い出の品は別です）。ですからそういったモノは抜きます。

それに対して、使っているモノは大切に使っていますよね。もうこれが壊れたら部品がなくて直せないんじゃないかというモノは、特に大事に大事に使っているはずです。

心を決めて、使わないモノに関しては処分します。

電化製品

「体が動くうちに」とよく言いますが、お年頃になってくると重いモノ、大きいモノが思うように移動させにくくなります。そうなる前に壊れたモノはとにかく捨てる。また使うかもと置いている電化製品は劣化すると危険です。使わないモノを納戸や押し入れにしまっていても出番はありません。今使っていないモノはこれからも使わないでしょう。こういったモノは処分しましょう。

現在使っているモノが壊れれば直したいと思いますが、壊れてほったらかしにしているモノをわざわざ直したいとは思いませんよね。ですから取っておくのはやめましょう。

家の中にも冷蔵庫があるけれど外にもある。新しいものを買ったけれど、使っていたものはまだ壊れていない。置く場所もあるし、家の中の冷蔵庫がいっぱいな時に重宝するので、電源を入れて置いてある。そんなご家庭もあるそうな。

家が広いと、おうおうにしてそうなるのかもしれません。どうしても必要なモノなら置いておけばいいでしょうが、壊れていないから、もったいないからと置いておくのはいかがなものでしょう。電気代は毎月かかっています。

お金が電気代として消えていきます。昔の冷蔵庫は金食い虫です。新しいものを買ったら電気代が全然違ったのよ、と買った方がおっしゃっていました。それぐらい違うそうです。

今回は、気にも留めていなかったところもしっかり整理、処分していきます。

※今まで使っていないモノは迷わず処分です。身辺をきれいに！　特に現在使っていないモノは人にも差し上げられません。古い電化製品は考えるまでもなく捨てましょう。

布団

布団に関しても使っていないのなら処分しましょう。お手入れをしていない客布団は湿気で気持ちが悪いものです。お手入れしていない布団はいざという時には役に立ちません。お葬式の時にいるかも?と残していても、来られた身内の方もお手入れしていない布団に寝るのは勘弁!ではないでしょうか。

今は葬儀場で故人を偲んでお泊りする傾向にあります。そのためだけに取っておく必要はないと思います。

私は子供たちが年に2回盆と正月に遠くから来るので、彼らのためだけに2組置くようにし、後は処分しました。

もし子供たちが来なくなれば、その時点でそれも処分するつもりでいます。

今では2階の押し入れはスカスカになっています。

あなたの家では普段使いしていない座布団、クッションなどが押し入れの中にありませんか？　使っていないモノはこの際処分しましょう。

これらのモノは場所を取りますので、これらがなくなるだけで押し入れはずいぶんスカスカになります。さらに、使っていないストーブやミシン、編み機、箱に入ったままのシーツ類とサヨナラすると、もっとスッカラカンになることでしょう。

いただきもののタオルなどは、きれいなものは今使っているものと交換して使うようにしましょう。

改めて押し入れを整理してみると、こうした使っていないモノがいっぱい出てきませんでしたか？　たった1つの押し入れからこんなにいらないモノが出てきたのですからびっくりですよね。毎日毎日あなたのたくさんのゴミがゴミ収集場に出ているので、ご近所さんからは「○○さんお引越しなさるの？」なんて言われるかもしれませんね。

押し入れがスッカラカンに空いてきたらうれしいですよね。そうなれば乾いた雑巾で拭き、しばし眺めましょう。「私真剣にやってる！」って自分を褒めてあげてください。

あなたは今までに、こんなに片づけたことがあったでしょうか。きっと「もったいない」と捨てられず、長らくそのままになっていたことと思います。

あなたは心穏やかな豊かな暮らしのために身辺整理をしているのです。モノを抜くのに罪悪感は持たなくていいです。モノに縛られないでくださいね。

あなたが捨てられなかったモノは、あなたが死んだ後に誰かが大変な思いをして始末をすることになるでしょう。それならご自分でなさったほうがいいですよね。そのことも考えたら、もったいないと残すべきではないとおわかりいただけると思います。

食器類

食器も持ちすぎると、食器棚が１つばかりか２つ３つと増えていきます。

メインの食器棚と小さめなもの１つとか、細長のスリムなもの１つを追加する。

しかし実は、追加したスリムな食器棚の食器だけしか使っていないという友人もいました。なぜスリムな食器棚の食器しか使っていないのかと尋ねると、「ここにあるお皿や食器が使いやすくていいの。高いお皿を使って割れると嫌だし、大した料理もしないのでこれで十分」と言います。

それならスリムな食器棚１つでいいわけです。使っていないお皿やコーヒーカップ、何種類もある小皿や大きな鉢など、あなたが好きなものをほんの少しだけ厳選し、１つの食器棚に集約すれば、部屋はうんと広くなります。

食器は家族の人数分だけ。料理が好きでいろんな小皿を持っていても、ゆくゆくは使わなくなります。

また、あなたが食器棚を1つしか持っていないとしても、中のモノすべては使っていないかもしれません。よくよく食器を眺めて、使っていないモノは抜きましょう。

使わない食器を捨て、使いやすい食器棚にすると、入れたり出したりの動作が楽です。あなたがハッピーになるほうを選びましょうね。


私の場合、重くて手に負担のかかる和食器は使えなくなりました。今は極力軽い食器を使っています。木でできているけれど食洗機にも対応できる漆の食器が大活躍しています。普段使う食器は引き出し1つに収まっています。好きな食器は30年もの。ずっと同じものを使っています。

同じものを大事に使い続けることは、モノに対してもお財布に対してもいいです。買い替えるお金を他に回せます。

気に入ったモノは毎日使う。使わないモノは処分。身辺整理に関して言うと、究極の片づけはモノの数を減らすこと。そうすることで、本当に大事なモノが見えてきます。

食器棚を買い替えるとお金がいります。できるだけ家具は買い替えない方向で行きましょう（引っ越す場合は別です）。でも処分はありです。家具が減ると部屋が広くなり風通しも良くなります。

あなたの食器棚が置かれているところは台所ですよね？　食器棚が空いたら、その一角に料理のレシピ本を入れておくと便利ですよ。引き出しが空いたら文具を入れておくと便利です。台所で過ごすことが多いのならば、家計簿などもここに置いておくのが便利です。

私は食器棚の引き出しに、マスキングテープやマジック、ちょっと指を切ったという時に貼る絆創膏、家事の後に使うハンドクリームも仕舞っています。

こういったモノは使うところにあると便利ですよ。

普段使いの食器です。
毎回同じ食器ですがお気に入りのものばかりです。

本

本は好きな人にとってはなかなか捨てることができないものです。かの有名な作家の五木寛之さんは、本を買って読み終えると、そっと電車の網棚に置いてくるそうです。

そうすると「誰かが手に取って読んでくれると思う」とのことでした。私も本が大好きでどうしてもたまってきます。好きな作家さんの新刊が出たら買ってしまいます。また、本屋さんにぶらりと入ると2〜3冊は買ってしまいます。あまりに増えすぎるので図書館で借りることもありますが、それでもやっぱりもう一度ゆっくり読みたいという時には買います。なので、増えてたまります……。

たまってきたら、年に数回本棚の棚卸をします。そうしないと本の上にはホコリも積もります。棚卸することで新たな発見もあります。また、「もう一度読みたい」となることもあります。新鮮な気持ちで再び手に取って読み返してみる。それがまた心地よかったりします。

本は持ち主が処分するのが一番です。本好きでもない人は、全部ひっくるめて邪魔だという感情を持ちます。欲しい人に譲るのが一番いい方法だと思いますが、欲しがる友達もいないという場合は自分で処分するしかありません。近くのリサイクルセンターへ持って行ってもいくらにもなりません。それでもそのほうが誰かに読んでもらえると思えば持って行くのも一つです。しかし持って行く体力もないという場合は、市の資源ゴミに出すことです。廃品回収でもいいでしょう。本はここに入るだけと持ち数を決めて後は処分します。そこまでするのは、あなたが今、身辺整理をしているからです。

時々「身辺整理」だからと書きますが、そのことを忘れてしまうと、何のための片づけなのかあやふやになってしまいます。片づけに迷ったら、「身辺整理をしている」という言葉を繰り返し呪文のように思い出してくださいませ。

「ところ天式片づけ」していませんか

あなたはこちらの部屋が片づいたと思ったら、他の部屋がいっぱいになったという経験はありませんか？

それはところ天のように突いて突いて場所を移動させただけで、実際には片づいてはいません。これをごんおばちゃまは「ところ天式片づけ」と呼んでいます。それではモノはなくならず永遠に片づきません。

せっかく「身辺整理」しているのですから本当に使うモノだけを残し、後は抜いて片づけていきましょう。

自分では大事なモノだと思い、次の収納場所を見つけようとした時、本当にそれが必要なのか今一度考えるべきです。

今までそんな片づけをしていたなんて気づかなかったという人が沢山いました。私もその一人です。

私の場合は本当に大掛かりなところ天式片づけをして、夜にはぐったりしていました。でも片づけたいので、ここが片づいたら次はここと、順番にところ天式片づけをしていたのです。よほど辛抱強い人です。

「なんで？　片づけは終わらないの？」と思うようになったのはずいぶん経ってからでした。

ところ天式片づけをしているうちは決して片づきませんでした。何となく捨てられないから仕舞っておこうとしているだけです。

ところ天式片づけは「片づけている」という自己満足に過ぎません。この片づけ方ではまったく解決しないので、私のように失敗しないようにしてくださいね。

モノの取扱説明書

あなたの部屋には処分したモノの取扱説明書がありませんか?

現在使っていないモノ、すでになくなっているモノの取説は処分しましょう。

あなたが取説を見るのが面倒だというなら、モノがあっても取説は不要です。見ない取説を取っておいてもあなたにとっては不要ですね。

私はたまに故障かなと思った時には取説を出して、あっちこっち触って解決ということがあります。そのため、大事に取って活用しています。私のような人には取説は絶対に必要です。

このように、あなたにとっては不要でも私にとっては必要というモノが、取説に限らずあるはずです。

同じモノでも効果的に使うか、使わないかは人によって違うのです。

自分はどちらなのか判断し、見ないなら抜きましょう。これは紙類も同じです。活用していないなら抜きます。紙ですからそんなに減っていないように感じますが、抜いたことによって頭の中がすっきりします。

必要な紙だけが残りますから、すべての重要紙類がどこにあるかしっかりわかることになります。

今までの領収書も必要であれば1年ごとにまとめます。わかるように1つにしておくと、頭がごちゃごちゃになりません。

全然手に取って見たこともないモノは、あなたにとって不要なモノですから捨てます。

私は子供がいたときの家計簿も全部捨てました。これから先それを眺めてどうこう思うこともないだろうなと思いましたから。

以前は自分の生きてる証、頑張ってきた足跡のように思っていましたが、これからの人生に大事とは到底思えませんでした。そう思ったときにスーッと納得して処分できました。私の場合は、気長にコツコツ方式（30分抜き方法）で片づけてきましたのでゆっくりでしたが、60歳を超え、先のことを考えたら、さっさと処分するのがいいと思います。やったりやらなかったりと中途半端に片づけていたら年々片づけが苦になると思います。思いっきり片づけてみましょう。この体が元気な今のうちにです。

アルバム

あなたのアルバムには、思い出の詰まった写真がたくさん貼ってあると思います。写真の身辺整理に関しては、取っておく枚数をはじめから決めておき、新たに小さなアルバムを用意し、厳選して残します。後は処分します。今はデジタルカメラで撮影し、現像していないというご家庭もあろうかと思います。しかし、私の世代で身辺整理を考えている人たちは、部屋の中に重たいアルバムが何冊も幅を利かせているのではないでしょうか。

そのアルバムの中から50枚~１００枚というように枚数を決めて選んで残す

ということを、今回の身辺整理で決定してはいかがでしょうか。

そしてその重いアルバムは必ず処分することです。段ボール箱3つ分もあるという人には大事《おおごと》ですが、私たちが死んだ時、残された人にとっては故人の写真を捨てることに抵抗があるはずです。

ですからご自分で処分することに意味があるのです。思い切って必要なものだけ抜き取り、後は処分しましょう。写真の処分は片づけの一番終わりに思い出に浸りながらなさることをお勧めします。

実際写真の処分には時間がかかります。せっかく大掛かりな片づけをしているのに写真整理を始めると足踏み状態になります。どうしても「懐かし〜」となって、「あなた見て〜」と人まで呼んで思い出話に花が咲いてしまいます。

写真を見ていると、自分はこんなにも若かったのに、それに比べて今は……とか感傷的になってしまったり、今は亡き父母を見て数々の思い出に引き寄せられたりしてしまいます。

そのように時間を取られるであろうことは最後にすればよいと思います。それになかなか厳選しにくいものです。時間がかかってしまうのは仕方のないことであ りましょう。

ぜひこの片づけが済んでからになさいませ。後はじっくりお茶などを飲みながら。

季節の飾りモノ

あなたの家には仕舞ったままの季節のものはないですか？ 出して飾らないモノは抜きましょう。観賞用であっても飾らないのであれば抜きます。

例えば五月人形、お雛様、こいのぼり、風鈴、十五夜セット、花瓶、クリスマスツリー。

毎年出して飾るものは手放さなくてもいいと思いますが、ここ何年か飾っていないモノは抜きます。「いつか飾るかも」はナシです。開けてみた瞬間「来年は飾ろう」と思っても、来年また忘れてしまっているかもしれません。もしかすると、飾るのが面倒だから飾らないのではないでしょうか。季節のものは年を取ると出したり入れたりが面倒になります。

面倒と思っているのなら、今飾っているものだけを残し、後は処分されたほうがいいと思います。

私の家ではお雛様は年中飾ろうということになり、新しく買いました。そういう飾り方もありますよね。クリスマスツリーは2メートルもある大きなものから60センチほどの小さなものに変えました。小さくなったのでしまう場所も大して取らず、出し入れも楽になりました。

お人形は引き取って供養してくださるところがあります。私も義父からお祝いに頂いた7段飾りの雛人形は神社で供養してもらいました。

お金はかかりますがゴミとして出すには気が引けます。やはり供養という形が納得できますよね。これらは大きい箱なので、押し入れや納戸にしまっていると思います。これらがなくなれば大いに収納場所は空きますね。

飾らない季節のモノや大きいモノがなくなれば、使うモノが仕舞えます。

押し入れ本来の仕事をしてもらえると、部屋にある家具もいらなくなります。**押し入れはいらないモノ入れから使うモノ入れとなり、やっと有効利用できます。そうなると部屋は散らからなくなります。そして広く使えます。**

収納場所の不要品を抜くことで部屋が片づいてくるのだから、本当は家具はそんなにいらないということですね。

タンス

私たちの時代の嫁入りダンスは、重厚ですが思ったほど中身は入りません。引き出しは、たたんで次々に載せていく仕舞い方だったので、下のものは取り出しにくく、下のものを取ったら上のものが崩れるという仕舞い方しかできませんでした。

今のタンスは、くるくるっと丸めて手前から順々に入れていくような深さのある引き出しで、中が見渡せて使いやすくなっています。またプラスチックケースが軽くて使いやすく、クローゼットの中にもきちんと納まるので、タンスではなくてそれを使っているという人も多いと思います。

使っていないモノ入れになっている嫁入りダンスも、「親が買ってくれたのでそんなに簡単に捨てられません！」と思いますよね。それではあなたが亡くなった後、これは誰かに処分してもらうことになります。

それって、自分は捨てられないけど人には押し付けてもいい、ということになりはしませんでしょうか？　そのように考えると、やはり使っていないなら自分の手で親に感謝して処分したほうがいいと思います。

しかし嫁入りダンスなどの重厚なモノは業者も引き取ってくれません。引き取っても売れないそうです。昔と違いマンションなどはクローゼットが作り付けになっていて家具が不要です。いらないタンスは引き取ってくれるところがあれば引き取ってもらい、だめなら粗大ゴミとして出しましょう。大きなものを処分すると自分が「身辺整理」していることをはっきりと実感できると思います。こんな大きなものは、余計に思いきらないとできませんものね。

家具がなくなったじゅうたんの上には跡がくっきり残っていることでしょ

う。これを見ると、「ここにはタンスがあったんだ〜。自分はそれを片づけたんだ。今まで片づけたいと思いつつなかなか片づけられなかったけれど、今私は真剣に片づけている！」と実感できます。

洋服

誰しも洋服の話になると、もごもごとあとずさり……。着ていなくても捨てられない。あなたはどうでしょうか？

女性はスラックス、ロングドレス、ミニスカート、スーツを着たりとファッションを楽しめます。これだけ変身できるのですから、男性と違っていろいろなモノをたくさん持っているのもうなずけます。

しかし、いっぱい持っていると言っても着たい服ばかりではないはずです。買ってからもう何十年も経ったものは、着られるかどうかもわからない。謎の洋服化していませんか？

仕舞ったままの服を一度着てみてください。果たして買った時と同じようにスキッとしているでしょうか？　長く着ていないモノは多分なんとなくぎこちなくてNO！でしょう。

なぜなら、体形からして着ることすらできない細身のものであったり、太っていたときのものであったりで、到底美しいとはいかないのではないでしょうか。洋服は今のあなたの雰囲気に合うものがベストです。

体形に合うもの、何よりあなたをよりよく引き出してくれるものでなければなりません。

そして、それを着ることで安心できる色や形、自分にしっくりくるものがベストです。何だか気恥ずかしかったりすると「誰かへんと思ってないかしら」と、人の目が気になり落ち着きません。

フーテンの寅さんが、靴を履かずに草履だったり、下着ではなくダボシャツを愛用するのは、それが自分らしくてぴったりの服装だからです。

私たちも自分にぴったりの装いをしたいものです。なりたい自分が1つならいろんな種類のモノはいらず、抜いていくとクローゼットの中はとてもシンプルになります。

服の系統を1つに絞ると、バッグも靴も洋服に合うものしかいらなくなります。

「よし！　私はこのスタイルでいこう！」

そうと決まれば、いらないモノは不要袋へ入れていきましょう。

着られないモノは袋の中に入れます。

着てみないとわからない洋服は着てみてください。それから抜くのか抜かないのかの判断をします。それが終われば、あちこちにほったらかしてある服を集めて洋服クローゼットの中に仕舞ってみましょう。

さて全部で何枚ありますか？　数えてみましょう。ブラウスもタンクトップもジャケットもワンピースもコートも全部です。
私の持ち数はただ今30枚です。これは常に一定ではありません。持ち数は前後します。26枚の時もあったし、36枚の時もありました。一番落ち着くのが30枚から36、7枚です。それくらいあるとおしゃれな服も持つことができます。

私の場合、これより多いと着る服に迷うことが起きてきます。しかし、少なすぎると何だか同じ服ばかり着ているようでつまらないです。ちょうどいいぐらいの洋服を持つと迷わないということがわかりました。それに持っている服を覚えられないと、同じようなモノを買ってしまいがちです。

私の服装は以前は白が多く、ワンピースも多かったです。しかし今の自分に合うのは色物のシャツとパンツ。スカートはすべて手放しました。

生地も好みのものがあり、クリーニングに出さなくてもいいものを選んでいます。自分で洗濯してアイロンするものばかりです。

汚れたらすぐにつまみ洗いし、洗濯機にポイ！　私はクリーニングに出すより自分で洗うほうが好きです。それに自分で洗うほうがきれいになると確信しています。

ダウンもすべて自分で洗います。クリーニング屋さんにお世話になるような洋服は持たないと決めています。クリーニング代はばかになりませんものね。

おいちゃんの高級セーターも手洗いです。今後は高級品は買わないようにしてもらっています。高級品は失敗するんじゃないかとドキドキしますから。まだ失敗したことはないのですが……。

洋服の話からクリーニングの話に飛びましたが、洋服を自分で洗うと洗濯に詳しくなります。ケチャップならこんな洗い方がよく落ちるとか、マヨネーズを落としたらどうするかなど、何でも詳しくなるのはお得です。知っておいて損はありません。

話を戻しますが、服がクローゼットからはみ出しているなら、きれいに収まる枚数になるようにもう一度厳選してみましょう。

クローゼットの幅が90センチもあれば十分入ると思います。ここに入りきらなければ、またハンガーに吊るして外に掛けることになり、片づけがまだ十分ではありません。できれば余裕を持って「まだ入ります」ぐらいの少ない枚数がいいですね。

いったん枚数を決めても、体形が変わったり好きな色が変わったりすると新しいものが必要になってきます。その時は必ず着られなくなったモノは抜いてください。また「いつかは着られるかも?」と思わないこと。いつでも今のあなたに一番ぴったりなモノだけクローゼットに入っている状態に保ちましょう。

そしてクローゼットは、2階にもある、1階にもある、というようなことをせず、どちらか1つにしましょう。そこに行けば全部見渡せる状態にしておきます。あっちの洋服こっちの洋服と、バラバラに置いてしまうと頭が整理できません。着るものは着るもの、バッグならバッグ、アクセサリーはアクセサリー

やっぱ 昔の服は
処分しましょうか…

と1か所にまとめて置くようにしましょう。

そうすることで自分の持っているモノすべてを把握できます。漠然とモノを持つのではなく、把握することでこれから先、家にあるのに、同じようなモノを買うことがなくなります。また洋服の衝動買いはなくなり、本当にあなたが欲しいモノを買うことができるようになります。

靴

あなたの靴は何足ありますか？

ムカデ？と思うくらい靴を持っている人がいました。履かない靴が年に何足もあるそうです。しかし洋服を1パターンに決めたらそれに合う靴だけでいいことになりますね。

洋服に合った靴だけを残して後は抜きます。

これからは少ない靴を上手に履き回し、きちんとお手入れすれば靴は長持ちします。たくさんの靴はいらなくなります。

私は、靴は片手で数えられるくらいしか持っていません。何足も持っていても、履かなければ革は硬くなるし、履かずに長く置いていると、何となくもっさりしたように見えたりします。そんな靴を履くより、大好きな靴をくるくる回して丁寧にお手入れしながらまんべんなく履くほうが、靴にもいいと思います。

靴が健在であっても足が変形するということもあります。足の変化は体の変化にもつながってきます。

健康面も考えて、これからは歩きやすい靴、脱いだり履いたりしやすい靴を選びましょう。

ウォーキングには運動靴、ちょっとお出かけには低めのパンプス、よく歩きそうな時はぺったんこ靴、冠婚葬祭用、冬夏兼用のブーツ、私はこれぐらいです。

下駄箱の扉を開けるとヒールの革がめくれている。靴の上に他の靴を重ねて突っ込んでいる。下駄箱の中はぐちゃぐちゃで、いつも履く靴はたたきの上に勢ぞろい。黒い靴にはうっすらとホコリがたまっている……。こんな状態では出かける気持ちもなくなります。

そこへいくと、下駄箱の中は靴が美しく整然と並んでいる、どの靴も磨かれてピカピカ、という状態にしておくと気持ちがいいものですね。

着物

着物はたくさん持っていました。お嫁に行く何年か前に習い始め、ほとんどの着物を自分の手で縫いました。

頑張って作ったにもかかわらず、若い頃は会社勤めをし、結婚してすぐに子供ができたので着物を着る機会がありませんでした。タンスの肥やしになりましたが、それでも自分で作っていたので、着物を作ることの大変さは知っていました。そして何よりお金がかかっていましたので、年に1度は必ず家中にさお竹をかけて虫干しをしていました。

自分が苦労して作ったものだからほったらかしにはできません。親に作ってもらっていたら、恐らく虫干しまではしていなかったのではないかと思います。

私の友人も、私より立派な小紋や訪問着を持っているのに、1度も虫干しなどしたことがないとのことでした。高価なのにもったいないですね。

着物は布になるところから手間暇かけて織られていきます。反物が出来上がって着物として縫われていく。その値打ちがわからないとそうなりますよね。シミになったらもったいない。虫に食われたら大変！　そういう思いで着ない着物をせっせと虫干しする自分もおかしなものです。

やっと着られるという時には持病を患ってしまい、帯も締められなくなりました。こうなるとは思ってもいなくて、本当に残念……いや本当に無念でした。

人生にはいろんなことがあるものです。まさか自分が病気になるなんて思ってもいませんでしたから、せっかく今から着物を着られると思っていた矢先の持病発覚で、本当に泣くに泣けない気持ちでした……。

私のことはさておいて、身辺整理するにあたり、これから孫の結婚式用に留め袖は置いておきたい……しかし若い頃にこしらえたものは柄が合わないかもしれません。そうなると、手放すことを考えたほうが良さそうです。

私は何年か前にほとんどの着物を手放しました。残したのは着物から洋服にリメイクできそうなもの数点だけです。

今海外では着物ブームだそうです。「着物10％高く買います」という広告はそのせいかもしれませんね。ただ、買った時に高かったから高く買い取ってくれると思ったら大間違いです。二束三文とはこのこと。何十万円もしたものが500円とか1000円とか言われて泣きそうになります。そんな時は暖簾や座布団にしたほうがましだと思いますね。

でも全部を使いきることはできません。そういった場合は好きなものをほんの数枚だけリメイクし、後は何らかの処分をお勧めします。

着物は売るより、欲しいという人がいれば譲ってあげると喜ばれます。着物がなくなれば着物用タンスもいらなくなります。着物がなくなればタンスも抜きましょう。

かつてタンスごと差し上げたという方もありました。私の記憶が正しければ、お花かお茶のお稽古に着る着物が欲しいという方に差し上げたと聞いています。潔いですね。素晴らしいと思いました。

お母様の形見の着物を持っておられる方もいらっしゃると思います。着ないのであればバッグにしたりポーチにしたりして、形を変えていつも持ち歩くというのはどうでしょうか？

私は帯でお習字の筆入れや、しっかりした通帳入れ、ポーチ、コースターを作りました。帯はしっかりしているのでいいバッグができました。

ずいぶん前になりますが、結城紬でフード付きのハーフコートを手縫いで作りました。たたむとカバンの中に小さく収まります。どこに行くにも持っていって、冬はもちろんのこと、夏でも1枚羽織ると冷房除けになります。

いくつか残している着物は、今後暇な時に作務衣や、家で着るちょっと今風のモンペなどを作ってみようと思います。

これらは身辺整理後を見越して、縫い物が好きなら少しだけ残すというのもいいと思います。

くれぐれもあれもこれもと欲張らず、自分のできることを想像してほんの少しだけにしておきましょうね。

やろうと思ってもできないこともあります。持っていることで荷が重くなってきたら、いつかまた手放すようにしてくださいね。

いつも気持ちが楽になるように着ないであろうモノは抜きましょう。

段ボール

あなたの家には開かずの段ボールはないですか？　開かずの段ボールですから、何が入っているかわからないですよね。引っ越しの時荷造りしたまま押入れの天袋に置きっぱなしの段ボール。開けていないからいるモノじゃないと中身を見ずに捨てますか？

私はやっぱり開けてみたほうがいいと思います。大事なものが入っているかもしれません。もし大事なモノだったら捨ててしまったら大変です。もう随分片づけてきて心はしっかりなさっているはず。開けたばっかりに捨てられないということはないはずです。すべてのモノをしっかり見届けないといけません。きっと今まで開けていないのでほとんどいるモノではないと思いますが、それでも見ずに処分するのはモノに対しても失礼だと思います。今回は身辺整理ですからね、大したものじゃなかった場合は、しっかり蓋をしてゴミに出します。

外回り

家の外回りは人様が見て通られますので、みっともないことはできません。不要なモノは撤去して、すっきりさせます。

草花のお手入れや水やりができないのなら、もう植えなくていいのではないでしょうか。体に負担だと思った時点で、そのようなことはしないことです。

今まではできていたけれど、もう手に負えなくなったモノは手放しましょう。

この際、いつか草花を植えようと思っていたプランターや植木鉢も撤去。庭に物干しを置いているけれど使っていない場合は物干しも撤去。

庭の隅にある物置の中身を見るといらないモノばかり。それなら物置ごと撤去しましょう。駐車場に使わないタイヤが山積み。それも使わないなら撤去。

自分で撤去できない場合は、お住まいの地域の役所に相談するのもいいと思います。

安く運んでくれる業者も教えてくれるかもしれないですね。我が家はまだ車の運転ができるので、市の焼却場に持って行っております。もちろんお金はかかりますが処理代だけで済みます。少しずつ少しずつ自己搬入して処分しています。

動けなくなるとそれすらできません。雨風にさらされ放置されたモノは見るに堪えません。

目障りなモノを撤去するだけで見た目が全然違います。ただ草はいくらでも生えてきますので体が動く時に草むしり。それもダメなら除草剤をまくという手もあります。

私はあまり除草剤は好きではありませんので、うちは※バラスを敷いて草が生えてこないようにしています。これが案外防犯上もいいのです。歩くと石がこすれて足音がします。そ〜っと歩いたとしても音がするの。そして草も生えてきにくいので助かっています（まったく生えないということはないです。しぶとい雑草はすごい生命力で石をかき分けて生えてくるのよ……その力強さにはビックリします）。

（※バラストとは……「バラスト」は、本来「重し」の意味です。船や潜水艦等で、荷物や燃料等とのバランスを取るために、入れなくてもよいのにわざわざ積む「重し」をバラストと呼びます。そのバラストに、安価な砂利をよく使うので、いつからか砂利＝バラスト＝バラスとなったようです。）

あなたが大切に思っているものまで手放さなくていいのですよ。心のよりどころとなる品物はしっかり残します。ただそれがたくさんであればいくつかに厳選しましょうね。それを決めるのはあなたです。

親の形見

母が亡くなって今年で丸3年になります。

思い出が詰まった品物も多くありましたが、それらは心に残して品物は処分しました。

冬になると母の形見のセーターを着て割烹着を羽織ります。それは私の一部となっています。これらはきっと月日が経つと擦り切れていき、跡形もなくなっていくでしょう。それでいいと思っています。私にとってはかけがえのない親の形見ですが、私以外の者にとってはそんな思い入れはありません。ですから親の形見は自分の代でお仕舞いにしたほうがいいかもしれませんね。

残していても、何代も後の人は「これ何？」……かもしれませんものね。

代々続く伝統ある御家柄なら由緒正しきモノもありましょうが……。

徳川家康が使っていたものとか、織田信長の茶器とか、有名な方のものであれば○○美術館とかで展示されたりして大事にされます。しかし普通の人が使っていたものは、残していてもこのモノ余りの社会ではゴミでしかありません。

身辺整理が済んでわかったこと

あれやこれやと家中、いらないモノは処分し、使うモノだけになった今、「いらないモノはあるとは思っていたけど、こんなにもあるとは思ってもみなかった」というのが実感ではないでしょうか。

まさかこれほどのモノが家の中にあるなんて、捨てても捨ててもまだまだある……。本当に嫌と言うほど抜きましたね。

今までモノに囲まれ、何がどこにあるかわからない、一日中探し物をしていた……。

探し物をしている時間は年間にして膨大な時間となるようです。そして、見つからなかった場合、気持ちは落胆し、やる気が起こらなくなる。そういったことがやる気をなくさせ、暮らしをどよよんとさせていました。

モノが多くて掃除しても片づけてもまたすぐに散らかる。だから掃除する気も片づけする気も起きなかった。

片づけてわかったことは、探し物をしなくなったこと、どこに何があるかよくわかるようになったこと。モノが減ったことによってモノの定位置も決まり、欲しいモノがすぐ手にできる。こんな何でもないことが実は暮らしにはとても大事なことなのです。

モノがどこにあるか考えなくてよい。欲しいモノはいつも同じところにある。定位置を確保するということはそういうことなのです。ですからモノが多いとそれができず頭が混乱し、いつも探し物をしている状態になっていたのです。

これからはこの片づいた状態を維持していくことです。生きている以上はどんどんモノが入ってきます。郵便受けには欲しくもないダイレクトメール。モノを買うとおまけのコップやマスコット人形、ファンシーグッズ。これからもどんどん、欲しい欲しくないにかかわらずモノは忍び寄ってきます。ですから気づかなければここかしこに増えていきます。

しかし今回大掛かりな片づけをしたことで今までとは違うはずです。モノをそこら辺にほったらかしにしていくとどうなるかや、いらないモノなら今すぐ処分することで後片づけの大変さを味わわなくて済むことを、あなたはもう知っています。

大変な思いをしたからこそ、わかったこと。しんどい思いをしたからこそ、次の幸せにつながることをあなたは実体験したのです。

2 人間関係の清算をする

あなたは人間関係を厄介だと思ったことはありませんか？　人間関係ほど厄介なものはないかもしれません。習い事をやめると、途端にその方々と会う機会もなくなってきます。それはある意味チャンスです。

たくさんの人と会うのが楽しみという人は別ですが、人に自分を合わせていくのは、年を取ってからは大変な気苦労です。

できれば気の合う人たちと年に何回か、あるいは近くなら話したい時に話し、気楽な付き合いができればいいのではないでしょうか。

私は、若い頃勤めていた時の知人とはほとんど今お付き合いがありません。

人と巡り合い、別れを繰り返しているうちに、ご縁が深い方とは自然に深く付き合っていくだろうし、ご縁のない方だとそのまま通り過ぎます。

ご縁のあった方と全員一生付き合うなんて考えられません。いつか自然に自分のそばからいなくなっていきます。そして自分もまたご縁のあった人の元から去っているのです。

それが出会いとか別れなのではないでしょうか……。

年を取ると少しずつ「しなければならない」と思っていた呪縛から解き放たれ、いつかできなくなっていく……でもそれが年を取っていくということだと最近よく思います。

「書かねば、書かねば」と、何か生きている証のように年賀状を出すのも何だかな～と思うようになってきたら、「本年をもちまして失礼させていただこうと思います」と、葉書の端っこに添え書きする日が来るだろうと思います。

相手の方も「いつやめようか」と思いながら送ってくれているやもしれません。こうやって少しずつ手放していくのもいいのではないでしょうか。

本当に大切と思う人とつながっていく努力を怠らなければ、それでいいのではないでしょうか。

出かけるところが減ればお付き合いも自然と減ってきます。人と人は支え合うものだとよく言いますが、人と人が接すればストレスも生まれます。ストレスは自分の思い通りにいかないと思う時に、心の中で大きく勢力を伸ばしてくるものです。

ですからそのストレスによって、そこに行くのはやめようと自分から身を引くというのが、自分を楽にすることだと考えます。

それは逃げるのではなく、選択です。ストレスが発生した時は神経が敏感になっていますので、自分の中で自分へも刃が向けられます。「それでいいんだよ。大丈夫」と自分を認めてあげると、スーッとストレスがなくなるのではないでしょうか。

なにも自分から火中の栗をひろいに行かなくてもいい。自然にいつの間にか交流がなくなってしまうこともあります。最後までお付き合いできる人がいたら、その人を大事にすればいいのではないでしょうか。無理に気の合わない人とお付き合いする必要はないと思います。

負担に感じるお付き合いも、少しずつ上手に離れていけば、いつかお誘いもなくなってくると思います。

私は若い頃から友人はほんの少しでしたから、負担になるようなお付き合いはありません。昔からそういう人でしたので、人付き合いで苦労することはありませんでした。人の評価で心を痛めるのも嫌でした。

誰とでも仲良くということを良しとしませんでしたが、この人とならと思った人とは、ずーっと今でもお付き合いしています。

私のエンディングノートには友人への思いも書き残しています。

「良い人」にならなくてもいいと思っていて、「好きな人」と縁を持って生きてきましたので、中身の濃いお付き合いになっていると思います。

ある友人は「ごんさんが死んだら私生きていけない」と突然話してくれたことがあって、「えっ、そうなの」と私には衝撃的でした。こんな風に思ってくれていたなんて思ってもみなかったです。

お付き合いで厄介なのがうまくいっていない親戚関係です。付き合いたくないと思っていても、○回忌となると顔を合わさずにはいられませんものね。

いろいろ言われても「われ関せず」ができたらいいですね。脚本家の橋田寿賀子さんは夫方から総スカンにされて、夫の墓（ご主人はすでに他界されておられます）に入れてやらないと言われているそうですが、「それで結構！」とご本人もきれいさっぱり。そう言いきれる橋田さんのようになれたら本当に楽だと思いますね。

考え方を少し楽なほうに持っていくことで肩の荷が下ろせます。真面目な人ほど人のことが気にかかるのかもしれません。もう少し荷物を下ろして、そんなにいろいろ頑張らなくてもいいのではないでしょうか。自分の人生です。人は人、自分は自分です。わざわざ思いを前面に出さずに、自分の中でさりげなく持つと楽になるのではないでしょうか。

「ああ、そうですか」と流せる自分でありたいですね。

3 お金の清算をする

クレジットカード

あなたはクレジットカードを何枚持っていますか？　クレジットカードはできるだけ少なくします。何枚も持っていても管理するのが大変で１枚しか使っていない……であれば他はすべて解約しましょう。

クレジットカードは悪用されることもあるので、何枚も持つのはやめるべきです。いくつも持っていると、一体どれを悪用されたのかもわからなくなります。お年頃になったら、１枚で十分と考えましょう。

私もクレジットカードを悪用された経験があります。クレジット会社から電話がかかってきて、「昨日タイに行かれましたか？」と聞かれ驚きました。昨日どころかタイには1度も行ったことがありません。偽造した私のクレジットカードを使って、タイで500円～600円ほど支払いをしようとしたそうです。

向こうで「おかしい」と不審に思った店員さんが手続きしなかったそうで事なきを得ました。そしてクレジット会社はすぐに、このカードを解約し、新しいものを発行してくれました。

放っておくとそんな目に遭うかもしれません。解約したほうがいいというのはそういうことです。知らない間に使われ、いろんな問題が出てきてからの解約は、大変でわからないことだらけ。予測不能の不安や心配はストレスになります。

こんなストレスを受けないためにも、早めに解約したほうがいいですね。

何もなければ何も起こらない。使っていないカードは早急に解約しましょう。

※クレジットカードに付くポイントは、ポイントの期限内でしたら換金でき

たり品物でもらえたりしますので、せっかくたまったポイントは期限内に交換しましょう。

今現金を持っている範囲内で使えば後でお金が足りないということもなく、クレジットカードがなくても怖くはありません。

お金がないのにクレジットカードを使うのは危険です。私はクレジットカードでモノを買う時、使った金額を必ず引き落とし前までに銀行に入金しておきます。そうすると全然問題ありません。むしろそうすることでポイントがどんどんたまって、年に何万円も浮いてきます。ただし、クレジットカードを使う時は、絶対現金を持っていることが条件です。現金がない時に先にクレジットカードで買っておき、お金が入ってから銀行に入れよう……では絶対だめです。クレジットカードは現金を持っているという条件でしか使わないことです。

クレジットカードも上手に使えば有効利用になりますが、下手に使えば身の破滅になります。

お店のポイントカード

ポイントカードもお得なようで、そうでもないものも多くあります。今は、協賛しているお店でポイントが付くカードもありますので、そういうカードを1枚持つのもいいと思います。

私は、必ず行く美容室と花屋さんのポイントカードだけで、他のお店のカードは一切持たないようにしています。

カードはいっぱいになると財布に入りきらず、別のケースを持たなくてはなりません。ポイントカードは、ある意味お店側の客離れを防ぐためのものですから、お店にこだわっていない場合、必要ないと思います。

財布はなるべく薄くしておいて、必要なモノはさっと取り出せるぐらいのシンプルさがいいですね。

またポイントカードがたくさんあると、いざカードを出そうとした時、財布

トクトク
カード♡
50%オフ!
サービス!
500

から全部引っ張り出して探すことになります。

四苦八苦してやっと見つけても、「期限切れだった」場合、骨折り損のくたびれもうけですよね。

ポイントカードは、頻繁に行くお店のものだけ持つようにしましょう。


ネットでも同じです。

お買い物をするとお店ごとにメールアドレスを入力し、パスワードを設定しなければなりません。

あちこちのネットショップで買っていると、全然覚えられず、「ここは何だったかしら」になる恐れがありますね。

好きなお店以外のポイントはいらないと思うことです。

普通のポイントカードと考え方は同じです。

ポイントが付くからと、必要でないモノまで買ったりしては、何をしているのかわかりません。
「送料無料」にも注意をしましょう。
「あといくらで送料が無料になります」は、お金の無駄遣いです。

通帳

あっちの銀行に500円、こっちの銀行に500円と、額が少ないからついついそのままになっている通帳や使っていない通帳は、休眠通帳と言われるものです。手続きをして、解約してしまいましょう。銀行によっては解約の手続きが面倒な場合もあります。一度、銀行に解約方法を電話で尋ねてみられたほうがいいです。

私の兄が亡くなった時、通帳はあるけれど、残高や印鑑のある場所がわからず、仕方なく銀行に問い合わせたところ、「残額が結構ありますのでATMで記帳してみてください。手続きして解約したほうがいいと思います」と言っていただきました。他府県でしたので、解約手続きの書類と、必要な添付書類の内容を細かく記載したものを送ってくださいました。私は銀行の所在地まで行かなければならないと思っていましたので、助かりました。

本籍地の証明等が必要でしたが、必要なモノをまとめて送ってすべて完了。私の口座に振り込んでいただきました。

こういうことは、一生のうちに1度あるかないかです。ドキドキしながら書類を揃えたのを覚えています。こういった事務手続きは、慣れている人にとっては何でもないことかもしれませんが、経験のない私でも、やればできました。「知らないからやりたくない」ものですが、教えてもらいながらやればできるものです。もし何か手続きしなければならなかったとしたら、嫌がらずにやってみてください、やってみたら案外できて自信になりますよ。

1000万円を超える場合は、ペイオフの関係で複数の銀行に預けねば損をします。そこのところは預金額で考えてください。

通帳が1つか2つになれば、それを入れる入れ物もかさばりません。お金関係がすっきりまとまると頭も混乱しません。

モノが少ないとストレスなしでいいということは、こんなところにも言えますね。

貯金通帳もカードもたくさんあればあるほどややこしい。ですので、ぜひとも不要なモノはさっさと解約して清算しておきましょう。

財布の中身

ついでに財布の中身のことをお話ししたいと思います。

財布の中はすっきりと！

レシートが邪魔してお金が埋もれて出しにくい……、そんなことはありませんか？　レシートは、買い物をしたら毎日財布から抜いて決めた箱に入れる、あるいは家計簿に挟む。たったそれだけのことで、財布は使いやすくなります。

そして、財布にはクレジットカードが１枚、免許証、カード式保険証、いつも行くお店のポイントカード１枚。

これぐらいで事足りるのではないでしょうか。財布がパンパンになると重くなります。

私の財布は、印伝のシンプルな長財布です。前の代の財布も良かったのですが、左手がしびれて持てなくなり、軽いものを探しているうちにこの財布に巡り合えました。

軽くてシンプル。小銭は前のファスナーを開けて出せます。紙幣はホック１つ外せば簡単に出せます。クレジットカードや免許証を入れるポケットが２つ付いています。

お金の出し入れが簡単で重くない財布が、私にとっては重要です。あなたの財布の重要事項は何でしょうか。沢山お金が入ってくる財布でしょうか。

私もそう願いたいものです。

そのためにもお金が入ってきやすい、すっきりした財布にしておくことですね。

NEKO
保険証
ネコネコマート
50pt

お金の貸し借り

当たり前ですが、借りているお金は返すこと。もしあなたが突然死んだとしたら、あなたにお金を貸している人は慌てふためいて、「返してくれ!」とすっ飛んでくるでしょう。

あなたはこの世にいませんが、あなたの親戚縁者はどう思うでしょうね。「まさか○○ちゃんがそんな……」とがっかりさせてしまいますよね。たとえ忘れてしまいそうな少しのお金でも、返しておくべきです。まして大きなお金は今のうちに返しましょう。お金というものは、信用がついて回ります。返さなければあっという間に信用は地に落ちます。正直ないい人と思われていたのに、死んでから信用をなくすようなことになってしまってはもったいない。

そのようなことがないようにしておきたいものです。

借りたものを返す時は、相手の記憶に残るように、ちょっとした菓子折りを持参するとか、リンゴ1つでもいいから何か添えて渡すと、返したということが相手の記憶に残るという話を聞いたことがあります。そのことにとても感心し、私はそれ以来そうするように心がけております。

「確かに返した」ということがリンゴや菓子折りと共に、しっかり記憶に残りますよね。

お金と言えば、家のローンなどのように契約者が亡くなれば支払わなくてもいいというものもあります。その場合、亡くなった時は早急にローン会社に手続きを申し込みます。払いすぎた場合も、手続きをしなければ返してもらえません。何事も手続きは早いほうが、問題は起こりにくいですね。

4 WEBの清算をする

パソコンや携帯電話のパスワード

これらは1つのノートに覚書をしておくといいでしょう。パソコンも開けることが少なくなってくると、うっかりパスワードを忘れることもあります。覚書は、パスワードを変えたらその都度訂正し、いらなくなったものはその都度削除しておく。そのままにしておくと、一体どれが正しいパスワードなのかわからなくなってしまいます。

メールも、不要なメールは毎日削除します。1日何十通もの不要な広告が入り、本当に重要なメールが埋もれてしまうこともあります。1週間も経てば何百通にもなります。確認も一気にするのは疲れて面倒です。なので開くたびに削除しておくと大層になりません。

自分の苦手なことは特にこまめにしてためないことです。ためることで億劫になります。

パソコンを開いたら必ずメールをチェックし、必要なものは個人ファイルに入れ、後は削除するという習慣にします。

スマホの場合、使っていないアプリなども削除したほうがいいです。

とにかく、パソコンに入っているデータは何だか知らぬ間に入れていたというものも出てきて、よく覚えていないだけなのでしょうが、そうなるとただややこしいだけです。結局入っているけど使った形跡もないものは削除してしまいましょう。

覚書ノートは常に最新な情報ノートにしておくことです。自分があいまいに覚えていることもノートを見れば一目瞭然。これほど強い味方はありません。

頻繁に使うパスワードは覚えていますが、めったに使わないものまで記憶に残しておくのは至難の業です。

ハッカーに狙われるパスワード
1位　123456（毎年堂々の1位です）、1234567
2位　Password
以下はその年によって違いますが、
iloveyou
welcome
login
abc123
1位のパスワードですが、いくらこれは良くないといっても毎年これが1位になります。ということは、皆さんこの情報を知らないということだと思います。皆さん気をつけましょう。

自分が忘れやすいからと簡単な数字やアルファベットを組み合わせると、ハッカーにも簡単に見破られてしまいます。

それから1つのパスワードをあっちでもこっちでも使い回ししないこと。

1つ解読されたら全部数珠つなぎで解けていきます。

面倒でも1つ1つ変えて、覚書に書いておく。すると、忘れた時は覚書で解決できます。

覚書ノートは自分にとっても大変助かるものですが、自分がその場にいない時にも、何か急なお願いをするのに非常に役に立ちます。

記憶はこれから先どんどんあいまいになりますので、ぜひこういった覚書ノートは作っておきましょう。

ブログやSNSなどのアカウント

私もブログを書いていますので、ブログに対しては神経を使っています。もし私が突然亡くなったり、重い病気で書き込みができなくなったりしたらと、覚書ノートにＩＤ、パスワードを記載しています。

もしもの時を考えておくことは大事だと思います。自分の手で「ＴＨＥ　ＥＮＤ」とピリオドを打って終わりにできることが一番いいのですが、何が起きるかわかりませんよね。

３・11の震災の時ブログを書いていたご本人様がお亡くなりになり、代わりにご主人様が、奥様がお亡くなりになったことを書き込まれ、「今までたくさんの方に応援していただきありがとうございました」とつづられていました。

最後にこのような形でお伝えしていただいて、お亡くなりになったご本人様、感謝の言葉をつづられたご主人様、お知らせいただいたブログ読者様、みんなが悲しみ、お祈りし、お別れすることができて、心に残るブログでありました。
これもブログ主様が、ログイン方法やパスワードをお伝えしていたからだと思います。

ＳＮＳもブログも、アカウントをしっかり覚書に書いておいたら、何かあれば家族が消去してくださるのではないでしょうか。めったに開かないのであれば自分で退会しておきましょう。
とにかく、本人しかわからないことは覚書ノートに記載し、削除、退会の手続きを取ってもらうということにしておけば、家族も慌てなくて済みます。その時になって、一体パスワードは何だろう?と探し回らなくても済みます。こんなことって、探し回っても本人でなければわからないものです。

5 時間の清算をする

時間がうまく使えていないと暮らしは停滞します。やらなければならないことをどんどん後回しにしていたら、前に進みません。

「やる気が生まれない」とか「どうしていいかわからない」といったことは自分への言い訳で、単にやっていなかっただけということはありませんか？ もしそうなら、そんなに難しく考えることはありません。最初にも言いましたが、「できない」じゃなく「できるのよ私」と思えばできます。

「まあ！ そんなに簡単にはいかないわよ」と聞こえてきそうですが、私なんかそんな暗示でいくつも難関を乗り越えてきましたのよ。そんなもんですよ。

やる前からできない言い訳を考えているのは自分。だけどやれば案外簡単だったという経験は、あなたにもいくつもあるはずです。本当はできるのに逆暗示をしてできなくしてしまう。

これもきっと自分との戦いです。

やる前から自分に「できない」と暗示しないことです。

もし暗示をかけるなら「私できるわよ！　これぐらい何よ！」の威勢のいい暗示になさいませ。きっとうまくいきますことよ。


実は、10分あればあれができる、15分あればこれもできる、と小刻みに考えていけばできることがいっぱいあります。

時間に追われてあくせくする必要はありません。せめて今日は「これとこれをしよう」と予定を立てて実行していくと家も片づき、自分も達成感を感じることができます。

そうすることによって生活も充実してきます。何かを予定してそれをこなしていくことで、その日の成果を自分で感じることができます。生きてる！って大げさかもしれませんが感じます。

　こんな小さなことが集まって24時間を過ごしているのです。睡眠に8時間。後はあなたが決めたことをあなたなりに過ごしていくことです。働いているなら仕事で8時間。通勤で1時間。残りの時間を小刻みにして、自分の時間を作る。

　私は外で仕事をしていませんので、睡眠に約6時間。後は好き勝手しながら予定も立て、毎日それをこなして、「ああ〜今日も一日何事もなく幸せだった」と感謝し、また眠ります。

　今までのままだと生活は変わりません。「身辺整理」をして家を片づけた後の時間の使い方、習慣、暮らし方が大切であると私は思います。

第2章

「身辺整理」から暮らしが変わる！

1「身辺整理」からこう暮らす

身辺整理ができたら、その後はいかに最小限のモノを維持し、増やさないかが大事です。せっかく減らしたのにまた増やしてしまうと、何をしてきたかわからないですね。それにモノを買えば当然お金がかかります。これから先は、モノではなく豊かな時間を過ごすことが大事です。そのためにも大切なモノは残しているはずですから、それを大切にしていきましょう。

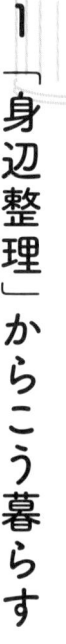

身辺整理した時に思いませんでしたか？
こんなにモノを捨てて、さらに、まだ使えるモノまで捨てるとは、何てもったいない買い方をしたんだと……。
捨てることに罪悪感を持つのではなく、無謀に買い物をしたことに目を向けます。欲しいからと欲望にかられたのは、ストレスがそうさせていたのかもしれません。

買ったらもうその熱は冷めます。ストレスは人によって違いますが、買い物をしている時にストレスが晴れると思って買い物をしてきたとしたら……。もうこれからは、原因がわかれば無謀な買い物はしなくなります。テレビCMやネットは広告が上手なので、あなたが欲しがるように心をくすぐってきます。

買いたくなるようなCMに心踊らされてはいけません。相手はやり手です。あなたはいちころ。しかしいちころではいけません。「いらんよ!」と鼻で笑ってくださいませ。

SUTEKI
クリーム
みんな買ってる!
あなたはもう買った?

しかし、何でもかんでも買いたいものをあきらめなくてもいいですよ。夫婦でその必要性を話し合い、あるいは家族で話し合い、あるいは一人なら慎重に考えて買えばいいのです。

買うことが悪ではありません。買い物は本来ウキウキする楽しいものです。その買い物をよりうれしいものにするには本当に必要かどうかよく吟味することが大事で、必要なモノならワクワクして買えばいいと思います。

しかし、いくつも同じようなモノを持っているのに、よく似たモノを買うのはいいことではありません。それはただのストレス解消です。

捨てることも買うことも大事です。絶対いるモノは絶対買う。そうでないモノは一呼吸置く。買おうと思っているモノについてあれこれ調べているうちに、「いる」と思っていたけれど「いらないかも?」となることもあります。

欲しいからすぐに買うとなれば、そのような決断には至りませんでしたね。

私は、欲しい時にとことん何日も何か月もかかって調べているうちに、買う気が失せて買わない選択をしたことも数多くあります。そうすることで使うはずのお金も使わなくて済み、「得した」という気分になります。買わないことで得をする……ちょっとおもしろい気分です。

時間をかけて自分の心を探るということも、モノを買う上では必要かもしれませんね。


そしてこれからの暮らしでは、いつまでも元気という保証はありません。いつか体は動かなくなるということも、いつか一人になるということも覚悟することが大事だと思います。

一人になってから慌てたくはありませんね。一人になった時、「あの時こういう考え方をしてきて良かった」あるいは「二人で楽しく暮らしていたことが良かった」と思えるような暮らし方を、今からしていきたいものです。

一人になることも織り込み済みで暮らしていくと、何事もチャレンジできます。自分が先に逝くとは限りません。残された時泣き崩れて何もできないでは困りますよね。

二人暮らしならお互いがどちらの役割もできるように。

今二人で暮らしていることが「かけがえのないことなんだ」と実感できればいいですね。二人でいることが当たり前だと思うと、そこまでの感激や幸せ感は感じられないと思うのです。

亡くして初めてわかったとよく聞くのは、やはり二人で暮らせることのありがたさが当たり前になっているからかもしれませんね。なんであっても、なくなってからわかるのが人間のようです。

健康も健康じゃなくなって初めてそのありがたさがわかる……とよく言いますものね。私も実感しています。

体を動かす

これからの暮らしの中でも、モノが床などに散在していると予想もしない事態になりかねません。ちょっとした小さいモノでも床に置いたら、それにつまずいて倒れたり、床に散らばった紙を踏んで滑って骨折したり……、とにかく年を取ると骨ももろくなっております。体の衰えはひたひたと年を重ねるごとにやってきています。非常に残念なのですが、若い時とは違うという気持ちを自分の中にしっかり持つことは大事だと思います。重たいモノを持ってうろうろしないなど、十分に気を付けるようにしましょう。

また、日頃あまり歩かないのに急に歩くと、疲労骨折という思わぬ骨折も起こります。

どちらにしても骨折となれば大変なことです。数日歩かなくても体が固まって、ひざが曲がりにくくなったりして歩くのが大変だそうです。

できるだけ体も動かすようにして、毎日テレビの番をすることがないように。

またできるだけ家も整えて健康でいましょう。

夫婦は「距離感」を大切に

夫婦が同じ屋根の下で24時間一緒だと息が詰まるという話をよく聞きます。

お互いに同じ時間を一緒に過ごすことは有意義ではありますが、24時間一緒では、夫婦でなくても息が詰まりますね。

あまり一緒だと喧嘩の元が生まれかねない。あまりにも一緒すぎて息抜きもできず、ストレスがたまることになります。

夫が会社勤めをしていた時は、妻は夫が帰って来るまでに、家事や諸々の用事をこなしていました。

このことは妻にとって24時間一緒体制と違い、一人だということだけでかなり気持ちが楽だったはずです。主婦だけのお昼ご飯はあるもので済ましていましたが、夫がいるとそうはいきません。

「お昼ご飯何?」と夫。妻は冷蔵庫を眺めて「何作ろう?」と、毎日毎日お昼も考えなければならなくなりました。たったこれだけでも「ふ〜」とため息。いかに一人と二人では違うか……当たり前ですが、夫はそのことには気が付かない。

こういった今までと違うことが負担になってきます。そこへ持ってきて夫が当然のように振る舞えば、妻はイライラしてくるのはごくごく自然なことだと言えます。

24時間ぴったり一緒だと、さすがに相手の言うことなすことにカチーンときたり、ちょっとした投げやりの言葉に腹が立ったり……イライラ。

良好な夫婦関係を保つには、できれば別々に違うことをし、習い事に出たり、家にいる時は別々の部屋で過ごし、ご飯の時に会うというのもいいと思います。あたかも夫が会社勤めをしている時のように。

数時間別々に行動をしていると、その間お互いが気になりません。

そこでお昼も、冬なら温かいものを一緒に食べるとか、夏ならつるつるっと冷やしそうめんでも一緒に食べるとか、簡単なものでいいから一緒に食べる。

別々の時間を過ごすことで、気分が違ってきます。そうすれば、作ることもそんなに気にならなくなるのではないでしょうか。別々に過ごすことで、気持ちはリラックスすると思います。

自分が出かける時ぐらいは、夫は自分の食べるものぐらいは自分で用意する。それがパンであったり、カップ麺であってもいいわけです。何ならフラ〜と外に食べに行ってもいいですよね。あるいは冷蔵庫のモノを自分でみつくろって食べるようにしてもいいと思います。

夫のために「これ食べといて」と作っていくようなことは、もう大人なのですから、しなくてもいいと思います。それに夫も「何を食べたらいいの?」なんて子供のようなことを言わず、自分で考えるべきでしょう。

いざという時のために男性も自立しないといけません。

夕食後は二人でテレビを見たり、ビデオを見たり、共通の話や、旅行の話などで会話を楽しむ。離れて過ごす時間があると寄り添える時間が濃密になります。ずーっと一緒の弊害は、単調になって新鮮味がないことだと思います。ですからお互い別々のところでいろんな刺激を受けて、食事の時やその後のだんらんの時には「今日はこんなことあったよ」と伝えて、「そうかー」と言うだけでも雰囲気も会話も違うと思います。

長年一緒に暮らしていると、お互いをよくわかっているようでそうでもないということも、お年頃になってから発見することもあるでしょうね。いい意味で少し距離を置いて、「つかず離れず」でいるのがいいのではないでしょうか。

私は夫が勤めている間に、何回か娘と海外旅行に行きました。海外旅行と言えば1泊ではなく何泊もします。ひどい時は10日も家を空けましたので、何か作っていくなんてことは無理です。そんな経験はこんな時効いてくるのですね。彼が定年になったと同時に、私が一人で出かける時は、「お昼は自分で食べたいもの食べるよ。だから僕のこと考えなくていいよ」と言ってくれるようになりました。

ほったらかしは人を強くするものです。自分しかいないと自分で何とかしないとどうにもなりませんものね。お陰様で出かける時は、「作っとかなくちゃ。何作ろうか」と悩まなくていいので助かっています。

あなたがまだまだお若いのなら、たまに数日実家に帰るとか、お友達と1泊とは言わず2泊3泊と家を空けてみてはいかがでしょうか。

私のようにあちらから言ってもらえれば一番いいのですが、そうでなければお湯を入れてできるカップヌードルやカップ焼きそばなどのインスタント食品を食卓にでんと置いて、「これ食べといてね。お湯は沸かして入れてね。よろしくね」ぐらいでもいいのではないでしょうか？

「そんなもん食えるかー」と言われたら、「じゃあ何か買って食べといてもらえますか」とやんわりお願いしてみてはどうでしょうか？

あなたがしてあげたいなら別に問題はないですけど、改善策はあるのではないでしょうか。

こういったことはいざという時に役に立つものです。

できることは自分でする

これから先、どちらかが先に逝った場合、何もかも自分でしなければなりません。家事を一緒にしていれば、慌てなくて済みます。自分にできることがあるというのは強みです。

もしすべて妻任せだった場合、きっとあたふたして、どこに何があるのか、どのような段取りですればいいのか、どこのスイッチをどう押せばいいのかさっぱりわからないでしょう。そうならないためにも、男性の自立は大事なことだと思います。

私は、数度突然の入院をしました。まだその頃は子供も家にいて、彼らが結構何でもできていましたのでおいちゃんは助かっていたと思います。しかし、助けてくれた子供は、もう独立してここにはいません。

妻はもともと家事をしているので、連れ合いが亡くなった場合でも、しばらくすればまたそれまで通り生活することができます。だから女性は強いと言われるのかもしれませんね。

しかし夫は何も家事の仕方を知らなければ、悲しみと共に何もかもお手上げになります。

今からでも自立への道に導いてあげるべきでしょう。

これはとても大事なことだと私は思っています。

自立していることは、いかなる時も力強いものです。特に夫婦二人だと、夫の自立は、共に暮らしていく上での助け合いにつながります。

日頃から二人で暮らしを育んでいくことは、これからの残りの人生をきっと有意義なものにしてくれることでしょう。

ぜひ夫の自立を手助けし、導いてあげてください。

モノの定位置を決める

自立が大事だとお話ししましたが、自立するには家の中のどこに何があるかわかっていなければなりません。そのためには日頃から定位置を決め動かさないこと。つまりは使ったら元に戻しておくこと。これが大事です。

モノを減らしただけでは暮らしは楽にはなりません。

そうでないと、いざという時に「おい、あれはどこにあるんだ?」と頼らざるを得ません。どこに何があるか、日頃の申し合わせ事項がお互いにしっかりしていること。

モノは使ったら必ず元に戻すことを徹底して、置き場所をわかりやすくしておく。

わかりやすくするには、覚えられる場所、使いやすい場所に置くことが大切です。

引き出しを開けないと何が入っているのかわからないなら、引き出しにシールを貼るなど、工夫もしたいですね。引き出し全部をひっぱり出さないとわからないのでは困りますよね。

とにかく一人暮らしでも役に立つのは、どこに何を置いているかちゃんと把握することです。

必要なモノがすぐに取り出せることと、どこに何があるか把握することは、自立の第一歩です。

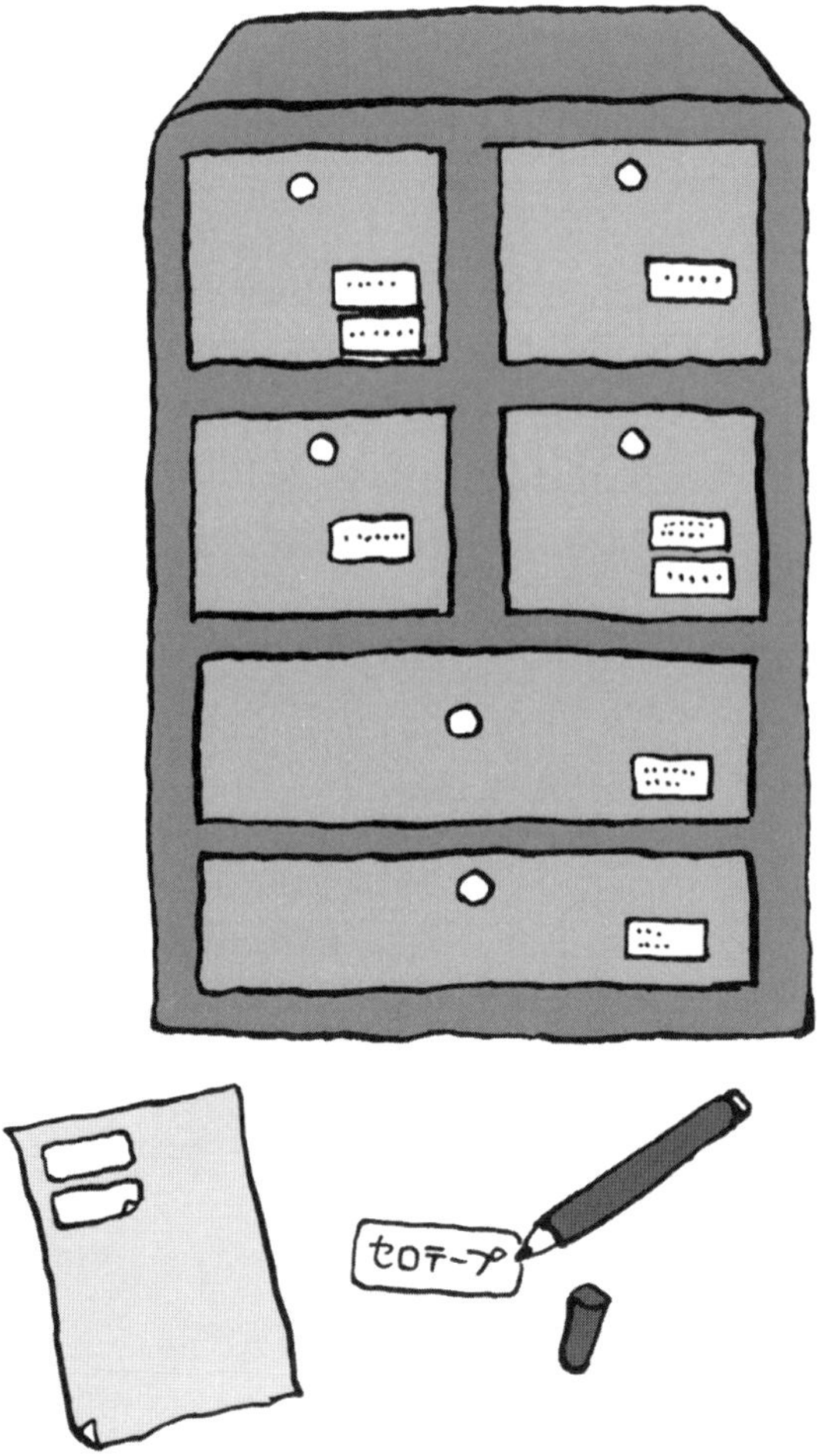
セロテープ

定年後は家事分担

夫が家事を何でもできるようになってくれるのは、素晴らしいことだと思います。定年を迎え毎日一緒に暮らして、妻だけが一人で家事をこなしていることに、何か物悲しさを感じるのは私だけでしょうか。

お互い初老になり、若い時と違い、体はままならなくなってきつつあります。時間が来たらテーブルの前に座り、ご飯が出てくるのを待つ。お風呂に入りたかったら「おいお風呂」……では困りますね。

しかし、「自分は植木の剪定ができないので夕ご飯を作っています」という男性を知っています。

妻は一生懸命に庭木の剪定。まるで反対のようですが、十分家事分担ができていますよね。しかもこのご夫婦は共に80歳を過ぎているというからびっくりです。

ご主人の作るおかずの内容がとても素晴らしい。おからやひじきなどを煮て、高血圧や糖尿病の予防を考慮した食事を作っているというのです。

夫婦揃って家にいるようになったら、こうして家事分担をすることは、傍から見ていても微笑ましいですね。お互いへの思いやりや、感謝の気持ちも湧いてきて、寄り添っていかれているのがよくわかります。

二人とも仕事に行かず同じ立場になったら、家事分担は必要不可欠です。片方だけが楽をする生活は片方に負担がかかり、いつか爆発するか、病気になって後々困るか……。

そのようなことになる前に、ぜひお互いに寄り添い、家事もお互いに分担し、思いやりのある暮らしをしてほしいものです。

そして何より残りの人生を夫婦仲良く暮らせることは、お互いに豊かな人生と言えるのじゃないでしょうか。

「今までできなかったこと」をする

できることはまだまだたくさんあります。

年を取ってできないことも出てくると思いますが、若い時には忙しくてできなかったことが、時間がたっぷりできたことにより、何か趣味を見つけて楽しめたり、会社勤めではやりたくてもやれなかったことができます。

夫婦で仲良く旅行に行きたいと会社を2年早く辞めたおいちゃんとは、希望通りに、年に何度も一緒に旅行に出かけています。まだ足腰は元気ですから、今のうちです。どちらかが寝込んでしまえばとたんに行けなくなります。

おいちゃんは今、仏像のデッサンにも興味を持っています。

年だからとあきらめないで、「さあやりたいことやるぞー！」と生き生きとしています。

趣味もやり、家事もやり、両立させると一日があっという間に過ぎ、ボーッとする暇がありません。

趣味を持つと、それに必要な勉強もして、やることはたくさんあります。また、家事はやればやるほど奥が深いということがわかってくるはずです。家事は妻任せだった人は、どうしていいか段取りさえわかりません。1つ1つ理解するにも時間がいりますね。わかってくると「家事もなかなかおもしろいぞ」となりますよ。

男性もぜひ、趣味と家事を両立させて生き生きしてほしいものです。

家族に感謝する

たまに「夫が手伝ってくれるけど、やり方が気に入らない」とか、「雑なので、もうしてくれなくていいと宣言した」という話を聞きます。

せっかく手伝おうという気持ちを持ってくれたのにもったいないなと思いま

す。子供でもそうですが、最初はうまくいかないものです。私だって最初からうまくいかず試行錯誤でした。誰だってそうだと思いますよ。

大人なんだからという気持ちで見るのではなく「初心者なんだから」と思ってください。男性は手伝ったのに首をへし折られてがっかりした、もう手伝う気も失せた、というお話を聞いて残念に思いました。

最近、市の図書館にはおじいさんが多く居るように思います。他に行き場もなくお金もかからない。ここなら新聞も自由に読めるし、CDだって聞けるからかもしれません。

手伝ってくれる気持ちを「手伝わなくていい」と言うと、家には居場所がないと思ってしまうのではないでしょうか。それでは気持ちがぎくしゃくしても仕方のないことです。

「夫は何もできない」というお話を聞くことがあるのですが、何もできないのではなく、何もさせないとも考えられないでしょうか。やった後の結果をなじるとか、自分の思うようにやってくれないとか……自分の気持ちは措いておいて、やってくれたことに対して感謝するというのが最初の一歩なのではないかしら？

2「掃除と洗濯」これでいい

さてこれからのお話は、自分だけではなく、パートナーを巻き込んだ掃除や洗濯のお話です。もちろん一人ですることではありますが、こんなに楽にできるのかとわかってもらえると思います。

掃除も洗濯も片づけも習慣としてとらえ、こうすれば楽になりますよということをお話ししていきます。

掃除は先手必勝がいい

「楽に掃除がしたい」

私がそう思って試行錯誤した掃除方法は、毎日汚れていなくても掃除する、というものでした。

汚いから掃除する……ではない掃除の仕方。

チリも積もることで汚れが頑固になり、落とすのが大変です。お年頃になると余計に、大変な掃除は億劫です。ですから、汚れていないけれど体を動かし、掃除を大事《おおごと》にしないこと。

トイレも、玄関も、いつも清潔にホコリ1つない掃除方法って……。数分でピカピカにする秘訣は、毎日掃除することだったのです。

使わない洗剤のストックはいらない

トイレにもお風呂の浴槽掃除にも、玄関の掃除にも洗剤を使いません。

毎日掃除することで洗剤を使わなくても水垢が付かないようになりますし、

臭いも付きません。臭いの原因は菌ですから、菌も水洗いで流せます。

ですからトイレ用、○○用とか必然的に不要です。そうなるとストックも必要なくなるので管理がいりません。「そろそろ買わなきゃ」と思わなくてもいいのです。買い忘れもなくストレスゼロです。

年金生活になった時、お金もいらず大助かりです。

CMに気をつける

頑固な汚れのお掃除には「これが効きます!」「便利で簡単!」と企業は勧めてきます。しかしそんなものは一切必要なしです。毎日掃除すれば、頑固な汚れが落ちる洗剤やスチーム掃除機などが「欲しい」と思う気持ちも不要。

一番楽なのは、汚れを落とす洗剤でもなければ驚きの器具でもありません。

あなたのよく働く手です!!

これに勝るものはありません。

考えてみたら、昔何もなかった時代、すべてよく働く手で、水だけで掃除していましたね。便利な時代になって何でも便利なモノに頼ろうとする。それを使うのが当たり前になってしまっているのかもしれません。

それは何とも由々しき問題です。こんなに立派に動く手を持っているのですから、毎日数分、水だけで汚れはたまらず楽になるのですから。

洗剤なんて不要です。もし使うなら台所用洗剤をたまに使うことで十分です。台所用洗剤は結構無敵です。

掃除はできれば〝床掃除をパートナー〟がやってくれれば非常にありがたいです。

パートナーには掃除機の使い方、ノズルの換え方など懇切丁寧に伝えます。

今では私なんかよりおいちゃんのほうが上手に丁寧に掃除するようになりました。

しかし、その掃除も、まず〝床にモノを置かない〟というルールを作らないと、掃除機をかけるのも面倒です。やはり家事分担をするにも、お互いがお互いを思いやる暮らし作りが大事かと思います。

掃除するには、まずモノを決まった場所にしまっておかないといけません。ホッチッチ（放置する）では掃除しにくくなります。お互いの協力なくして掃除も十分にはできないと思いますので、協力し合いましょう。

どんな順番で掃除するかもいったん決めておくと、まったく頭で考えずに毎回その通りにするだけなので、スムーズに行えます。私は掃除もルーチン化しています。毎日同じように同じ順番ですいすいと掃除すると、本当に掃除が苦にならなくなります。

例えば、玄関に靴は置きっぱなしにしない。サンダルが1足あるだけにしておく。箒で掃き、湿った雑巾でたたきを拭く。ただそれだけです。それで2〜3分で終わり。何と簡単な！でしょ。

たたきに靴を出したままにしないこと。玄関にゴルフや庭仕事の道具を置かないなど、日頃の片づけがきちっとしていることが、ここで効いてきます。

何事も、日々の暮らしの積み重ねですね。

洗濯のやり方

洗濯は、洗濯機がやってくれます。

ですから昔と違って、洗い方から教える……のではなくて、まず洗濯機の使い方をパートナーに覚えていただく。

次に黒いものの白いものの洗濯はどのようにするかしっかりとやり方を伝える。

洗濯機に洗濯物を放り込んで、洗剤を入れてスイッチポン。これぐらいどちらがやってもいいわけです。

自分のモノを大事にするという意味で、夫も大事なものは自分でネットに入れる。洗濯機で洗えるものかどうかは事前に奥様に尋ねておく。そしてこれは大丈夫と覚えておく。

洗濯物の量によって洗剤の量を決めたり、洗う衣類によって洗い方があることもマスターしていれば、一人になっても自分で迷うことなくやれます。

それが自立につながることです。あなたもこれからのことを考えて優しくパートナーを導いてあげてください。

一人になったら自分でしなければならないことです。そして、一人にならなくても、洗濯機に洗濯物を放り込んで、洗濯機のスイッチポンをしてくれたら、大いに助かりますよね。

洗濯が済んだら、今度は干します。その時に、これはハンガーにかけたほうがいいとか、ピンチに吊るすとか、そういった干し方も伝授します。やってくれるけど全然自分と違うから、「こんな風に干してほしくないのよ」とドーンと伝えるのではなく、「これはこう干したほうが布のためにいいのよ」とか、なぜこのように干すのかについて理屈・理論を伝えましょう。そうすることで、納得して次からはそのように干してくれるようになるでしょう。

頭ごなしでは、心は通じません。

また、雨の日に干す場所も知ってもらっておくと、洗濯物を干して出かけた時ご主人に、「洗濯物あそこに取り入れといて～」とお願いできます。なぜあそこなのかの理由も知ってくださっていますので、その通りにしてくれるはずです。

私たちでもそうですが、自分がしないことは、見ているだけでは何も頭に入ってきません。ただ映像として見ているだけです。そのためまったく理屈がわかりません。やってみて初めて、「何でこうするのか」がわかるものです。

乾いたら今度はたたみます。実はうちでは、洗濯機のスイッチポンはほとんどどがおいちゃんが、干すのは私が、たたむのは二人でします。物干しから乾いた洗濯物を取ったら、バンバンと花粉やホコリを払ってくれるのでとても助かります。

私は片方の手が痛くてできないのでありがたいです。

おいちゃんは、たたむのがあまり得意ではありません。フンワリたたむのであまり私はいいとは思わないのですが、たたむことが大事だと思い、そこまで言いません。

たたんだ後の仕舞い方は収納にかかわってきますから、フンワリたたんでも構わないので覚えてもらっています。するとどちらがたたんで仕舞っても同じになるので、私が手が離せない時はおいちゃんにやってもらえます。

冷蔵庫の100%活用

冷蔵庫は食品を安心して食べられるように保存しておくものですから、冷蔵庫内も衛生的にしたいものです。月に1度、決めた日（私は毎月20日）に中身を全部出して、棚を洗ったりビン等も拭いてしまう。そうやっていくと賞味期限切れも防げます。

あまり食品も詰め詰めに入れないほうが食べ残しがなくなりますね。物忘れ防止対策に、冷蔵庫にホワイトボードを付けて、中身を書いておくのもいいのではないでしょうか。

特に冷蔵のほうが冷凍より日持ちがしないので、うっかりすると賞味期限が過ぎてしまいます。

できるだけ食品は使いきりたいですね。私は、「あげ」は買ったらすぐに湯で煮て水を切り、小分けにして冷凍します。ショウガなども細かく切って小袋に入れ、いつでも使えるようにしています。

そのまま野菜室や冷蔵室に入れておくと、いつの間にか残りのショウガが干からびてミイラになっていた……ということがよくありました。もったいないので、買ったら新しいうちにすぐにそうしておくと、切ってあるので便利でよく使うようになりました。

他には、豚肉などのお肉の残りは切って平らにし、小分けしてラップして冷凍室へ。何でも残ったら切ってラップして冷凍室へ。ニンジンもシイタケもOK。とにかく切っておくというのがポイントです。

すると、ちょっと味噌汁の具が足らないといった時に、切ってあるのでお湯の中にポイ。とっても便利です。ひと手間が後の仕事を楽にしますし、何より料理が苦になりません。

そして使いきる気持ちの良さも手伝って胸を張りたい気分になります。

冷凍室に入れたらすぐにホワイトボードに、シイタケや豚肉を入れた日付を書いておくと、「そろそろ食べないと」と思うようになります。せっかく冷凍したのに「いつだったかな？」となれば不安です。気持ち悪くて捨ててしまうということもなくなります。

そういう意味でも最後まできちっとしておくと、主婦としてえっへん！です。

えっへん！
しいたけ 5/2
豚肉 5/3

パートナーとのお買い物

パートナーと一緒にスーパーにお買い物に行ったら、何が食べたいか相談しますでしょ？　刺身が食べたいとか言うかしら？

あれこれ買い物して帰って来たら「あなた冷蔵庫に入れておいて〜」とお願いしてくださいませ。

あっちこっち、こんなところに置くか〜というところに置くかもしれませんが、そこは初めてだからね、良しとしましょう。

パートナーは冷蔵庫にどのように入れたらいいかわかりませんが、頼まれたから入れてみなければと、手あたり次第に空いたところに入れると思います。

しかしこんなことが何回も続くと、どこに入れればいいのかだんだんわかってきます。

この段には朝食用のものが入っているんだなとか、ここはビールとかジュースの棚なんだなとか。

こうして子供がお手伝いしていくように、だんだんパートナーも理解してくれるようになります。そのうち「そろそろハムの賞味期限が切れそうだから食べようよ」と言ってくれるかもしれません。

また、ここよりこっちのほうが取り出しやすくはないかい？とかも言ってくれる？　そんなこともありえますよね。

私はお出かけから帰ってきたらよくトイレに行きます。「お願い！」と言ってトイレに駆け込み、しばらくして出てきたら、おいちゃんがきれいに冷蔵庫に入れてくれています。最初は思いもかけないところにしまってくれていて探すのに苦労しましたが、「や――ここにあった!!」と見つけると、「それいつもはどこに置いてるん？」と聞いてくれて、次からはちゃんと置いてくれるようになりました。冷蔵庫の中もモノがいっぱいだと入れるのも嫌になりますね。

冷蔵庫の整理整頓を心がけて、賞味期限までには食べきるようにしましょう。

冷蔵庫は食べるものをしまう場所ですから、切れているものを入れておくと、パートナーから「ちゃんとせぃよ」と言われかねません。

服とか靴とかと違って食品は腐ります。詰め込みすぎると、1つや2つ腐らしてしまうことがあるかもしれません。

冷蔵庫の中は、ゆとりある収納にして、買いすぎないことです。できるだけ冷蔵庫が空になってから買い物に行くという習慣にすれば、1日でも長く買い物に行かなくて済みます。ですからお金もその分使わなくなります。

そして、冷蔵庫の棚は。

チーズは棚の3段目に。ここにはヨーグルトも置きます。ここは朝食の時一緒に出すものをまとめて置いておくところ。梅干しや漬物はトレイに入れて棚の2段目に。マヨネーズやケチャップはドアポケットの2段目とか。いつも開けたらそこにある。ない時は消費してしまった。というようにしておけば、冷蔵庫の扉を開けるだけで一目瞭然です。

私は作り置きをしないので冷蔵庫の中はガラガラです。買い物してきたらおいちゃんは定位置にささっと置いてくれます。ガラガラですのでモノをどかして置くということはありません。

最近、棚も1段外して余計にしまう場所は少なくなりましたが、棚を1段外すことによって棚と棚の間が空いて、とても見えやすく取り出しやすくなりました。

冷蔵室の1段目には、カレーなどが腐らないように鍋ごと入れておくスペースを確保しています。半分開けておけば十分なので、1段目は半分だけいつも空いています。

このようにしておけば、何か急に頂き物をしても難なく入ります。メロンでもスイカでも頂いてよろしくてよ。

１番上の棚を外したことにより、かえって何が入っているのか見えやすく使いやすくなりました。ドアポケットも２つ取りました。入れるところが減って目くらまし（ついついドアポケットに入れっぱなしになって賞味期限切れ！）がなくなります。

家の上手なメンテナンス

おいちゃんが働いていた頃は、家にいる私が全部メンテナンスもしていました。しかし、退職後はほとんどおいちゃんがしてくれています。私もできるという自信はありますが、やってもらえるなら力のある男性のほうがいいと思いますね。

ただ女性でもDIY女子と呼ばれ、かなりやる人がいると聞いています。どちらがやってもいいわけですから、得意な人が率先してやったらいいと思います。

メンテナンスもセンスがあります。センスのいいほうが主導権を持ってやり、ないほうは助手でよろしいのじゃないでしょうか。

ペンキ塗りなどは、一人でするより二人のほうが断然速いし楽です。我が家もウッドデッキのペンキ塗りは業者に頼まず、自分たちで塗り替えています。

早め早めに塗り替えていますので、朽ちるまでの時間もずいぶん違います。二人でするので、「今日は疲れて食事作るの大変やろうから外に食べに行こうか」ということも。

さらりと思いやりの言葉も出てきて、チョイとうれしかったりもします。一緒にすることで意見の食い違いもあったりしますが、それもコミュニケーションです。わかり合えることが大事かなと思います。

外回りどうする？

庭の剪定は結構重労働です。切った木を束ねて移動させるのも大変。二人ですれば早く片づきます。この本の前のほうにも書きましたが、剪定上手な奥様が担当しているところもあるそうで、それはそれでうまくいっていればOKです。剪定もしてご飯も作ってだとちょっとね……どうかと思います……。家事分担が成立していれば何も言うことはありません。

剪定だけではなく草木の水やり、草引き等々も、どちらがしてもいいわけです。朝の気持ちのいい時間は夫、夏場の夕方の水やりは妻が、というのもよろしいのではないでしょうか。

前の章でもお話ししました通り、外回りは人様が見て通るところでもあります。いらないモノを捨てて、これからも不要なモノは気にかけて抜いていけば、いつもきれいな状態が保てます。

どうしても体が動かなくなってきた時は、草木にまで気が向かなくなってきます。そうなってくる前に、大きくなりすぎた木は余分な枝葉を取ってもらうことも考えていかれたらと思います。

我が家では、リフォームした際にウッドデッキができたせいで風の抜けが悪くなって、家の前にあった樫の木にアブラムシが付き、その油が玄関までぽたぽた落ちてくるというすごい状態になってしまいました。何度駆除の薬を散布してもまた虫がついて油を落とす……ということで、素人では切ることができず専門業者に頼みました。

何でも大事《おおごと》になってからではお金もかかり、作業も四苦八苦です。

できれば早めがいいという私の感想です。

第3章

「身辺整理」から、生き方が変わる！

1 食事、お金、病気、これからの暮らし

食事に気を使う

家での食事が一番安心です。外での食事は何が入っているのか、どこの野菜、どこの肉なのか、どんな肉なのか……等々わかりません。外食は簡単で後片づけもいりませんが、どんなものを食べているかが見えません。

食事は体を作りますから、吟味して簡単でもいいですから家でいいものを食べたいですね。

我が家は一汁一菜でテーブルには質素なモノが並びます。でもそれが心地よく、きらびやかで豪華な食事は見ただけでお腹がいっぱいになります。

食べたいのは自分が作った食事。食事というほどたいそうなものではありませんが、まあ外で何を食べているかわからないよりはましかなと思っています。

お年頃になったら意外と好きなものばかりを食べて栄養が偏り、栄養失調になることがあるようで、そこは気を付けたいものです。塩分控えめ、たんぱく質（肉、豆類）をしっかり摂り、量もそんなに多く食べすぎない。

昔政府が言った1日30品目なんてできやしません。こだわりすぎると一日中ご飯のことばかり考えなければなりません。お金もかかるしね。ほどほどでいいんじゃないでしょうか。

食事の量は腹8分目、あるいは腹7分目。それぐらいが体も動きやすいです。腹いっぱい食べると胸焼けして体が動かない。

口に入るものは何でも注意が必要だと思っています。できるだけ地産地消にすることです。地産地消のいいところは、水が体に合っているのでそこで採れた野菜は自分の体に合うということです。暴飲暴食は避けゆっくり食べる。時間はたっぷりあるのですからゆっくり食べましょう。

老後のお金

元気に働いている時は毎月お金が入ってきます。しかし退職してしまえばお金は入ってきません。60歳で辞めると、65歳まで年金はもらえないので働かざるを得ません。預貯金があれば切り崩しながら生活は何とかできるでしょうが、なければ再就職を求めて頑張るしかありません。

これから年金も段階式になるとかで、もらえる年齢がどんどん先になっていくようです。いつまで働かなければならないのか……。「もう堪忍して」と思ってしまいますよね。

政府は年金受給を75歳まで延ばしたら割増しでもらえるとかいっておりますが、何歳で死ぬかわからないのに大きな賭けじゃないでしょうか?

きんさんぎんさんのように長生きしたら確かに得でしょうが、彼女たちのようにいつまでも元気でピンピンしている保証はどこにもありません。

私は、年を取ってからはお金はそんなに必要でないように思います。今より使わないのは確かではないでしょうか。

旅行に行きたくても行けない状況になるのは確実です。そんなに服もいらないだろうし、そんなに若い時のようにパクパク食べられないだろうしね。一体何に今より使うことがあるでしょうか。

年金はよく考えて受け取り時期を決めたほうがいいと思います。割り増しが得だからと安易に先延ばしにして、若いうちにお金が使えなかったら、得しているようには思えないのですが……。どうでしょう？

お金は大事です。よく考えて受け取りましょう。

病気はどうする

年を取ると長年酷使してきた体にガタが来て、あっちこっち病んでくるのは仕方のないことです。見た目は若くても体は「あいたたた」。サプリメントを飲んで助けてもらっている方も多いでしょう。

よくサプリメントの宣伝をテレビで見かけます。便秘にはこれ、足や腰の痛みにはこれ、カスミ目にはこれが効く、頻尿対策にはこれがいい。テレビのスイッチを入れると頻繁に目に飛び込んできます。それほど需要があるということなのでしょうね。

しかし、適度な運動とやはり食事が大事だと思います。糖尿病にならないように、高血圧にならないようにと予防が大事で、食事の力、運動の力は大きいです。塩分を控えめにしたり、体に負担にならないよう太らないように注意する。ひざの痛みなどは太りすぎが原因のような気がします。

持病を患ってしまえば、死ぬまで付き合わねばならない羽目になります。治る病気ならいいのですが治らなければ一生です。

そうならないよう、日頃から好きなものばかり食べないとか、添加物が入っていないものを選んで食べるとか、ほんのちょっとしたことを心がけるだけでも防げます。

病気はそれだけではなく、ストレスでも引き起こされます。くよくよ考えすぎると病気を引き起こす元になります。いちいち癇に障るとか、人のことが気になるとか、そういったことをスルーするよう心がけたいですね。

日本では病気にかかったら医者に治してもらおうとしますが、外国では病気にかからないように医者に診てもらおうとすると聞いたことがあります。

私もそのほうが体にも良いし、自分が気をつけることで病気を未然に防げます。意識を変えて今の体を大事にしたいものですね。

私自身持病があるので、健康な人を見るとそれだけで「幸せ」と思います。健康はお金がかかりません。体がしんどくありません。何でもできます。病気にならないよう心がけてくださいね。

薬はどうする

人間50年という寿命の時代から今は100年に突入しつつあります。今までだと50年持てばいい体を倍の100年持たせるわけですから、あちこち悪くなってくるのも当たり前です。

だからと言って病院に行ってお医者さんから処方箋を頂き、言われるがままに薬を飲んでいたらどうなるでしょう？　ある程度良くなったら「薬をやめる」ということを自分の体と相談すべきではないかというのが私の持論です。

私は持病がありますので薬を医者から処方してもらっています。しかしこの患者は「先生、この薬はどうも効いていないようなので別の薬に変えてくださいませんか」とお願いします。

効くか効かないかは、医者が判断するだけのものではないと思います。自分の体の中の変化をしっかり見て、効いてなければ変えていただくことも大事なこと。効かない薬を飲み続けて副作用で他の病気を併発する可能性だってあります。

私の病は一過性ではありませんので薬も長く飲まねばなりません。薬害も考えねばと思っています。持病があるとこれだから嫌です。

しかし一時的な風邪でも、まあまあ良くなったらやめてもいいと思います。私は一応病院より自分の自然治癒力を信じています。まずはそれに働いていただくと大概数日で治ります。

頭痛がする、くしゃみが出た、鼻水が出た……ぐらいでは薬は飲まず、熱い白湯を飲んで寝ると翌朝には元気になっています。薬に頼りすぎないことも大事ではないでしょうか。

老いていくということ

知らぬ間に徐々に体は、思うようには動かなくなってきます。私も60歳になった時にはまだ全然元気で、持病以外は何ともありませんでしたが、それから年々少しずつあっちが痛い、こっちが痛いということが多くなりました。そして、体の痛みもですが、人の名前が出てこなくなって驚いています。歌手や女優さんの名前はすぐに出てくるほうだったのですが、最近「え〜〜と、ほら！　あの人よ、あの人……」「う……ん……」といった具合に頭が働かなくなってきました。完全に思い出せないことも多くなってきました。

そんな風になるなんて夢にも思っていなかったので自分でも驚いています。最近、おいちゃんとこりゃまずいなと二人して思っています。そんなこともあって新聞の書き写しをしています。漢字を忘れないようにとか、書くことで頭を使うかもしれないとか、まあ時間もあるので望みを持ってやってみようと。

毎日書きだして、もうすぐ1年になります。

老いに逆らうつもりはありませんが、少しでもゆっくり老いたいと思うのは人情というもの。

これからますます今までと違う自分に遭遇すると思いますが、それでも自分らしく生きていけるよう努力はしていきたいものです。

歯を大切に

自分の歯をたくさん維持していけばご飯がおいしく食べられます。歯医者さんにケアしてもらいながら自分の歯を1本でも多く持つ。

40年ほど前は、虫歯になってひどくなったらよく抜かれましたが、今はできるだけ自分の歯を長持ちさせる方向で治療していると聞きます。歯が1本でも多いほうがボケないのではないかとも言われてきましたね。

歯は命。できるだけ病院にはお世話になりたくないけれど、歯だけはしっかりケアしてもらったほうがいいようです。虫歯があったら歯医者さんに行きますが、なければまったく行かないのではなく、定期的に歯のケアをしてもらって歯を大事にしましょう。

歯医者さんはたくさんあります。どこが自分に合うかちゃんと見極めて通いたいですね。数か月に1回、歯垢を取りに行ったりするだけでも全然違います。

私は歯のブラッシングで磨き残しがないか診てもらっています。

歯垢や歯周病などもケアしてもらいながら自分の歯を少しでも長く使いたいですね。自分の歯で食事すると味が違うそうです。おいしいものを「おいしい」と思いたいですもの。

ぎんさんがおっしゃっていましたが、「姉（きんさん）は歯が1本も残っておらず歯がないことで可愛らしい。でも私はこの丈夫な歯のお陰で可愛らしく見えない」なんてね。でもぎんさんは布団の上げ下ろしから歯のお手入れなど、自分のことはしっかりされていたとのことです。

死ぬまでぎんさんのように自分の歯をできるだけたくさん維持したいものです。

広い家と狭い家どっちがいい？

若いうちは、広い家でのびのび子供を育てたいというのが夢でもあったと思います。今となったら、子供も独立していき、４人家族から夫婦二人になって、広すぎると感じたり……。

広い家だと、年を取ると掃除をするにも移動するにも面倒になってきます。長い廊下の突き当たりにトイレがあったり、寝室はその反対側にあったりで、冬になると寝てからの夜中のトイレは体が冷えます。トイレ後は寒くて寝つけない。しかもトイレに頻繁に行きたくなるというおまけまで付いてきて、広くて動線の悪い家だと余計に住みにくくなってきます。

小さい家なら、リビングの隣はトイレ、その隣はお風呂と、廊下もなく数歩で行きたいところに行けるというのが利点です。確かにモノは収めづらくたくさん入れられませんが、モノを最小限にして暮らしが楽になるほうがいいと思います。特に年を取っていく身にはいいのではないでしょうか。

掃除や片づけも、住むところが小さければほんの少しの時間で済みます。コンパクトな家にほんの少しの荷物で暮らせばぐんと楽になります。

大きい家は一見かっこいいでしょうが、年を取ってくると維持するのも大変です。住まいが大きければそれだけ出ていくお金も大きくなります。固定資産税や維持費もずいぶんかかります。古くなればメンテナンス代も多額になってきます。瓦の葺き替え費用などは小さい家と大きい家では相当変わってきます。

また外壁の塗り替えも外壁が広いとその分費用がかさみます。

家は小さいほうがメンテナンス代も少なくて済みます。

小さい家に引っ越す？　今の家をリフォームする？

我が家も子供たちが巣立った後、引っ越しこそしませんでしたが、ほとんど2階は使わず、1階だけの暮らしにしています。1階だけだと掃除も楽です。

子供が巣立って数年経ってから1階の部屋をリフォームしました。

リビングが二人には広すぎるので台所をリビングの中に持ってきて、台所だったところを2畳ほどの個室1つとクローゼットにしました。ですが退職後に背広やコートやカッターシャツなど、もう使わないであろうモノを全部「身辺整理」して、こんな広い（2畳を広いと思う）クローゼットは不要になりました。

代わりに寝室にある私のクローゼットを使っています。小さなクローゼットですが、モノが少なくなったので十分入りました。

おいちゃんの元クローゼットは私の秘密の部屋になりました。机を入れて読書やパソコンをする部屋にしています。

モノがたくさんだと、こんな小さな部屋はすぐに満杯になってしまいます。いつも気持ちのいい状態にしておきたいので、あまりモノを置かないようにしています。今のところ増えるのは本だけです。本も要注意です。

☆家の見取り図☆

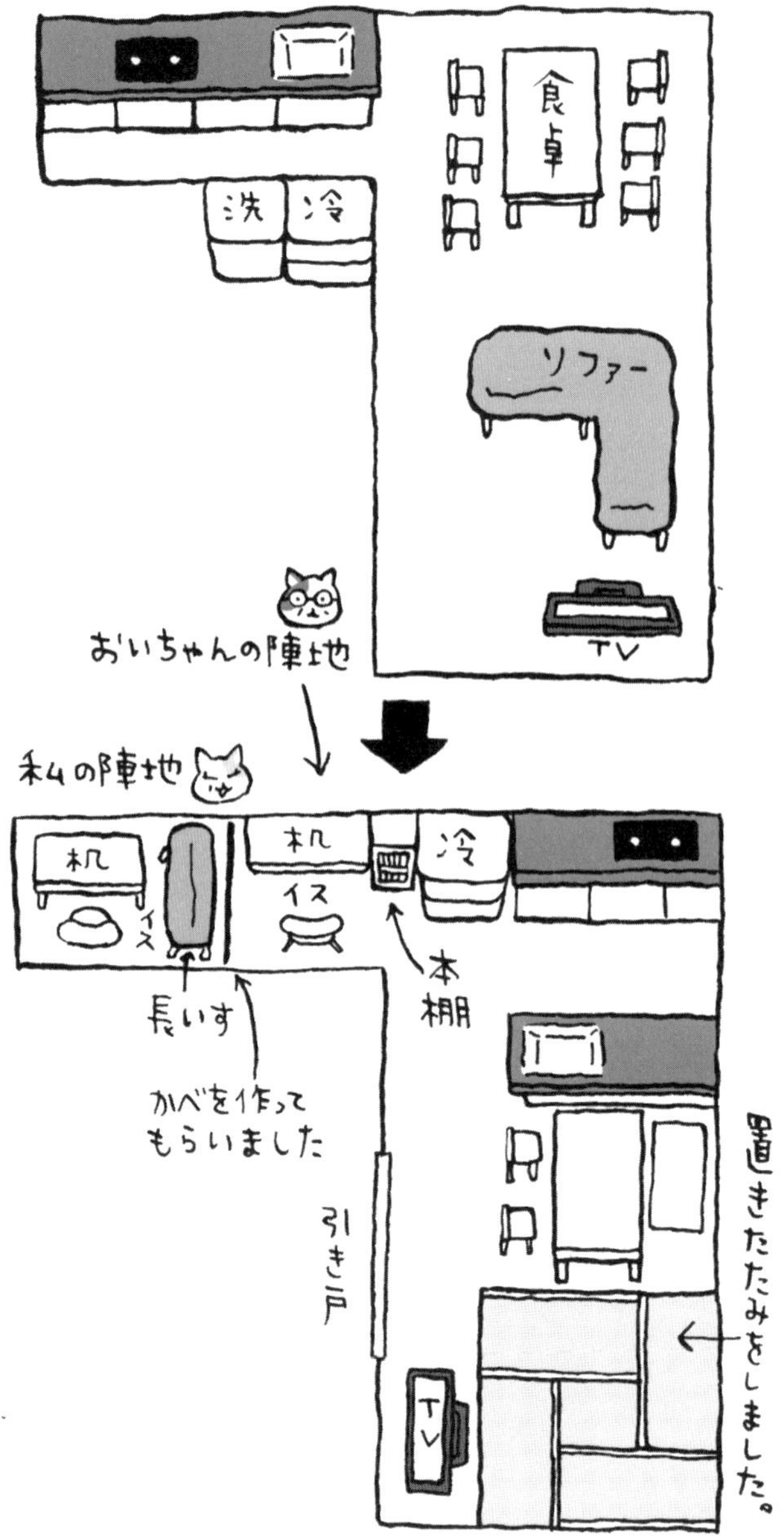
食卓
洗
冷
ソファー
TV
おいちゃんの陣地
私の陣地
机
イス
机
イス
冷
本棚
長いす
かべを作ってもらいました
引き戸
置きたたみをしました。
TV

やりたいことはどんどんやろう！

やり続けたいと思うことは生きがいにもなります。20数年前、私が病気を患った時、とても体がだるくてベッドから起きることもできませんでした。「何でもやれるって幸せなんだな」とつくづく思いました。その時から私は「やれる」ことの幸せを感じ、自分のできることは喜んでするようになったように思います。

患う前は、正直に言うと「面倒だな……」と思うことが多々ありました。今はね、お陰様で掃除でも洗濯でも何でも真剣にやっています。

「やれる。私にもできる」ってことは本当に嬉しいことです。生きる力になります。心からそう思います。

ですから「これ私がするからせんでいいよ」と、おばあさんの仕事を取り上げてはいけないなと思います。確かにあぶなっかしいこともありましょうが、ただただアブナイからと老人の仕事を取り上げるのはどうなんでしょうね？　やりたいことはどんどんやりましょう。生きる張り合いになります。腰が曲がっていても鍬を肩にしょって歩いているおばあちゃんやおじいちゃんを見ると「元気だな〜」と感心します。そんな方はきっと楽しんで畑仕事をしていると思います。

畑の野菜が芽を吹いたとか大きくなって食べ頃だとか、そんな喜びを持っていらっしゃるのでしょう。

屈託なくケラケラ笑って過ごしていらっしゃる。あやかりたいですね。

カメラを持って近くの野に行き、草花を撮ったり、鳥を見つけて撮ったり、名前を調べたり。そんなことでもいいんじゃないかしら？　何か自分のやりたいことを見つけて自分だけの世界を極めてもいいと思います。

２０１８年２月２日、若宮正子さん（82歳）が国連で演説されました。銀行を定年退職後に独学でパソコンを習得されました。60歳を過ぎてからの学習です。80歳を過ぎて高齢者向けのスマホゲームアプリを開発されたそうです。

母親の介護で家に引きこもりがちだった時に、ネットで外の世界とつながることができたといいます。

今、高齢者にこそICT（情報通信技術）は役に立つ……そういった若宮さんの主張も従来の老人の通念を覆すものになったと言えます。

若宮正子さん、ただ今堂々の82歳でございます。94歳の作家佐藤愛子さんも『九十歳。何がめでたい』というご本がベストセラーになりました。愉快痛快な文章で、私たちを楽しませてくれています。皆さん生きる力がみなぎっています。60代なんてまだまだ青二才……そんな気持ちにさえなりますね。

もし孤独になったら

孤独って一般的にはあまりいい感じがしませんね。一人の時間も孤独と言えば孤独かもしれません。自分の時間をどのように有効に過ごすかは、年を取ればもしれませんが、年を取れば取るほど問われてくるのではないかと思われます。

若くして連れ合いと別れた人は一人でも強く生きておられます。私などはとにかく今のところはまだ連れ合いがいますが、私も見習って強く生きたいと思います。

家族と一緒に暮らしていても孤独を感じることはあります。まして夫婦どちらかが亡くなったら……。「一緒に暮らそう」とお子さんが言ってくれて一緒に暮らしたけれど、かえって子供の家族といるほうが孤独を感じてしまい、また元の家に戻って一人暮らしをしているという方もいました。

私の母も一緒に暮らすことにしていましたが、結局一人がいいと言って最後まで一人で暮らしていました。

一人で暮らせば誰かに気を使わずに済みます。好きな時に寝て好きな時に起きる。自由だったんでしょうね。

むしろ大勢の中で感じる孤独のほうが非常に辛いものなのかもしれません。一緒に暮らしているのに孤独だと感じると、どうしようもありませんね。

一人でいる時は一人でいることをちゃんと認識しています。寂しさは当然ありますが、一人で生きているという認識があれば強く生きていけるのではないでしょうか。

一人になったらどのように生きるかはその時にならないとわかりませんが、強く生きたいものですね。大丈夫でしょう。そんな風に思って生きていけばきっとそのようになれると思います。

2 毎日心がけること

お風呂のおきて

阪神淡路大震災があってから、お風呂のお湯は次の日の掃除の時まで捨てないようにしています。もちろんこれからの震災に備えてのことです。

震災後断水で水が使えない時用に、お風呂の水を活用するようにしました。

震災前はお風呂にカビが生えるからという理由で、家族が入ったら夜のうちにすぐに捨てていました。

震災で１８０度変わりました。

どのような震災が来るのか予測はつきませんが、２０１８年1月の政府の発表では、南海トラフによる大地震は30年以内に70％から80％の確率で起きるということです。これは相当高い確率じゃないですか！ 他の予想は１・数％とか全然問題にならないぐらい低いのに。南海トラフは太平洋側で広範囲です。私たちの住まいもかぶるので、自分たちでできるレベルのことはすべてやっておこうと震災対策をしています。

お風呂の水ぐらいとか些細なことですが、それでもトイレの水に使えます。なければ途端に困ります。ちょっとしたことですが、こういった心構えは普段から各人でしておいたほうがいいと考えます。地震こそ、何とかなるでは済まないと思います。

起きてしまえばどれほどの被害になるか予想がつきません。東日本大震災、熊本の震災と続いております。過去の地震に学び、個々でできることをやっておく。政府がやってくれるなんて、それは後の後です。まずは自分でできることをしておきたいものです。

「いざという時」の備えは日頃の準備

私は大阪に住んでいますが、阪神淡路大震災の時はまだ寝ている時刻でした。地震が起きた時すごく大きな揺れで飛び起きました。余震に備えて家族が1つの部屋に集まりました。子供たちはまだ小学生で怖かったろうと思います。

その後テレビであのすさまじかった状況を目にすることになりました。あれから私の生活は一変しました。

床にはモノを置かない。家具は極力処分してしまう。そのためにモノは必要最小限にする。

もともと家具を持たないようにしていましたが、リフォームの時に、あった家具もずいぶん処分しました。

現在、リビングは食事のためのダイニングテーブルと椅子だけにし、テレビ台も作り付けにしました。

阪神淡路大震災で多くの方々が家具の下敷きになった、大きな冷蔵庫が倒れて出口を塞がれたと聞いて、冷蔵庫の配置も考慮しました。

それまでも片づけを続けていましたが、これが私の片づけの大きな転機になりました。モノはなるべく少なくし、日頃から片づけをしておく。大事なモノは1か所に集め、どこに何を置いているか把握する。

いざという時の備えは日頃の準備だと思います。

防災グッズ「我が家の対策」

防災グッズも、市販品でセットになって最近はよく出回っていますね。懐中電灯やちょっとした乾パンなどは思いつくでしょう。家屋は崩壊などの被害にあわず大丈夫ですが電気ガス水道が止まった、という時の対策もしておいたほうがいいですね。

電気ガス水道が止まった時の対策

カセットボンベを常時9本ストックしています。そのために日頃から電気プレートはやめてボンベのものを使っています。しかもそれは、極力風に影響を受けずに外で使うことができる様式のものにしています。

ペットボトルの水。常時、2リットル入り10本以上。乾パン、缶詰に入ったパン……極力煮炊きしないでいいものを選んでいます。3日間ぐらいは大丈夫です。

懐中電灯、ランタン、笛。こまごましたものではバンドエイドから包帯、ハサミ等々の衛生品、手回しの携帯用充電器付きラジオ、後はヘルメットなども準備しています。

私の車の中にも避難グッズを盛り沢山に入れています。簡易トイレから寝袋まで。もちろん水や乾パンなども別に避難用として置いてあります。靴も履かずに逃げ出したと想定して運動靴も用意。避難グッズも防災グッズも2年かけておいちゃんが揃えてくれました。

しかもまだまだ進化しています。いろいろ想定して用意してくれています。どこまでやればいいのかわかりません。過去の大きな震災を経験した皆さんの声を参考に揃えました。備えあれば憂いなしが本当に通用するかどうかもわかりません。でもやらないよりはやって、意識を持つほうがいいのではないかと考えます。

何かの理由で避難所まで行けないかもしれません。そんな時にひょっとして車が健在であれば車の中に備えているものが役に立ちます。そんなことを思って備えているのです。

すべてが取り越し苦労となって、使うことがないに越したことはありません。でも万が一発生したら役に立つことがあるかもしれません。そんな風に考えて

カセットボンベのグリルは震災のことを考えて外でも使えるものにしています。こちらは風で消えないような作りになっているのでいいかと思います。電気のグリルはこれを買ってから処分しました。こういった器具は便利ですが場所を取ります。極力モノを減らしてこれ１つにしました。

の備えです。

お金の使い方は重要

年金のお話をしましたが、お金の使い方もこれからますます重要になってきます。これから先、働いていなければ年金以外に入ってきません。ということは、貯金はできないということです。

使えるお金で上手にやり繰りする他ありません。宝くじなんて当たる確率は限りなくゼロ。「空くじ」と言う他ありません。

どうしてもお金がいるとしても、何とかなるさ的な考えではいけませんね。今あるお金でなるべく豊かに感じられるような使い方をしたいですね。

よく聞くのが、お給料が入っていた時の感覚のままでお金を使ってしまい、貯金がかなり減ったという話。

孫のお年玉、お祝いは年金生活になったからと急に金額を下げるわけにもいかず、かなり苦しいとのこと。お祝いをけちるのは心苦しいかもしれませんが、けちっていると思うから無理をするのです。

ないものは出せないというちゃんとした金銭感覚を持ちましょう。まさかおじいさんおばあさんが悲鳴を上げているなんて周りは思っていないと思います。

我が家はそこを見越して孫のお年玉も小学校低学年は2000円。高学年になったら3000円。中学校は5000円。高校も5000円と決めてきました。少ないように思いますが、今となってはこうしておいて良かったなと思います。最初の孫は高校生ですし、二人目の孫も中学生になります。お年玉を中学生に1万円も渡していたら2万円の出費です。

お正月は何かと出費がかさみます。自分たちのこづかいもままならないのに余裕はありません。

それに、誕生日だのクリスマスだのと、してあげようと思えばいくらでもする機会はあります。そこもよく考えて、まずは自分たちの暮らしに支障が出ないようにやり繰りしていきたいものです。

あまりいい顔をしてばかりいると老夫婦は火の車になりかねません。自分たちの葬式代も残らないようではいけませんよね。

チリも積もれば何とやらです。

お祝いごとの金額

生まれた時は出産祝いだの、お食い初めだの、七五三だのと大きなお金がいります。我が家ではあちらのご両親と一緒にお祝いするようにしています。両家でお祝い額を決めて一緒の封筒に入れてお祝いすることにしています。

こうするとどっちが多いとか少ないとかいうこともないので、いらぬ気を使わなくて済みます。お互い気が合うということが前提ですが、気が合えばご提案して決めておかれるといいと思います。

参考にしていただけたらと思います。

お中元・お歳暮

お中元お歳暮のお品は何がいいだろうかと気を使いますね。我が家はお中元・お歳暮はしていません。

もともと私は気を使って贈り物をするのが苦手でした。気に入ってもらえるかどうか考えるのもストレスです。

ごくごくわずかな、気心のよく知れた方にだけ年に1度、こちらの産地で採れたものをお送りしています。

お義理のお付き合いは安すぎるものを送るのも気が引けますしね。高価なものはこちらが負担だし。

やめればそんなことも考えなくて済みます。

詐欺にご注意

「儲かるから」といった巧みな誘いに欲を出すと、老後のためにためていたなけなしのお金を持っていかれたりします。

先日も多額のお金を騙し取られたというニュースが流れ、びっくりしました。お金は天下の回りものじゃありません。せっかく節約してためたお金をひょいと盗っていく詐欺が憎たらしいです。よくまあ平気で人様のお金を盗るもんですね。

銀行に行くと「詐欺にご注意」という大きな貼り紙がしてあります。大きな貼り紙を見ているにもかかわらず振り込んでしまってお金を盗られる。オレオレ詐欺などは老人の優しい心を利用しているので本当に腹立たしい。

「自分はそんなことに引っかからない」と思っている人ほど引っかかるそうです。

疑ってかかることが大事です。「自分は騙されているんじゃないかしら?」ってね。

この頃は新たな手口も出てきておりますよ。「消費料金に関する訴訟最終告知のお知らせ」と題する葉書には、人に見られたらまずいだろうと言わんばかりにまことしやかに目隠しシールが貼ってあるのですよ。これは完全な騙しで、法務省管轄局などと書かれている電話番号に電話したら、弁護士と名乗る人物が相談料としてお金を振り込ませる手口らしいです。

知らなかったらドキッ!としますよ。私にもその葉書が来ました。

表書きは私の住所と名前になっていましたが、差出人の名前がないことに怪しさを感じました。ところで私の住所と名前をどこで手に入れたのでしょうかね?

シールをはがしてみたら身に覚えのないことで、「これは新手の詐欺」と思いました。すぐにインターネットで検索したら同じ手口のものが出てきました。

やっぱりね。

葉書にある電話番号には絶対かけないこと。警察に届けるかお住まいの都道府県の消費者センターに電話して指示を仰いだほうがいいです。

何とかして働かずに人のお金を巻きあげようとしている輩は大勢います。疑ってかかりましょう。真面目に相手先に電話などすると、まんまと罠に引っかかります。

それから一人で解決しようと思わないこと。こういった詐欺は忍び寄ってきますが、絶対その手に乗らないことです。大事にためてきたお金、しっかり握って放さないでくださいね。

自分で決める

自分がこうなったのは○○のせいだとか思っているうちは、自分の生き方をしていないと感じます。

人のせいだと思っているとしたら、それは本当は人のせいではなく、人の言うがままに自分がそれを決断したのです。自分で決断したからには自分の責任です。人のせいにしてはいけません。

私にも身に覚えがあって、私が中学生の時、兄に「人のせいにするな」と言われ、「はっ」としました。それ以来「私は人のせいにしていないか」と折に触れて思うようになりました。兄のお陰で今日まで気を付けることができています。

それまではまったく自分がそんな人間だということに気付いていませんでした。そう言えば私は割と中学生の頃までは消極的で、人に言われて「そうか……」と思い、自分がなかったように思います。それで失敗したら人のせいにしていたのです。

案外、成功した時は自分の手柄にし、しくじった時は人のせいにしてはいまいか……。

今も時折「私は人のせいにしていないか？」と自問自答しています。人のせいにして生きていたら、自分の人生を生きていることにはならない気がします。自分の人生を生き切ったら自分の人生を生き通したことになります。何事も自分の意思で行い、十分生き切ってあの世へと逝きたいものですね。残りの人生すべて自分の意思で有意義に生きたいものです。

夫のせい、妻のせい、ではなく自分が決めたことだからと考え方を変えると、自分の良くなかったところを改善できますが、人のせいにしているうちは何も変わりません。

昔のことを思い出してぐずぐず悩むのもやめましょう。今は今。今を毎日楽しみながら生きていきましょう。

ボケ防止

今はまだボケが解明されていない以上、自分でボケないように試行錯誤しながら行動していくしかないですね。

例えば、夜寝る前にあしたの計画を１つ２つ考えてみたり、朝起きたら昨日考えた計画を思い出してみたり。

朝、昨日計画したことが思い出せない……、そんな日が続いたら、計画をメモしておき、そして翌朝メモを見ながら実行していく……。そのようにいろいろ試してみるのもいいと思います。

まず頭を使い、試そうとすることで、脳の誤作動防止になるかもしれません。食事はよく噛む。よく噛んであごの老化を防ぐ。人と話をよくする。本を読む。字を書く。手紙を書くのもいいかもしれませんね。歩く。体操をする。体を動かす。お友達と会う。お茶をする。

何もしないでボーッとしているのが良くないようです。食事を毎食作る。洗い物をする。掃除する。片づける。こんなことが自分を奮い立たせることになるのではないでしょうか。

できるだけ自分のことは自分ですることが大切です。いつかは枯れていく体ではありますが、可能な限り誤作動なしでいたいものですね。

私が使っている便利な台所グッズのお話

スロークッカー

ただ切った野菜やお肉などを入れて電気をスイッチオンするだけでおかずができてしまう、陶器でできた便利なお鍋「スロークッカー」。

カレーやシチュー、肉じゃが、根菜類の煮物などを簡単に作ることができ、用事があってバタバタしそうな時に非常に便利です。ロールキャベツなども、中まで味が染みておいしく出来上がります。

スロークッカーと言うだけあって、時間をたっぷりかけてスローに作ることができる優れもの。食材を入れておくだけでできるので、とても重宝しています。

ゆっくり調理してくれます。電源を入れて食材、調味料と水を入れておくだけでしっかり調理できます。スロークッカー用のレシピ本も出ていますので料理の幅も広がります。

仕事を持っている主婦で、土日子供と遊びたいという人にもお勧めです。「ご飯作らなくっちゃ〜」と思わなくていいので、時間を有効活用することができます。

朝のうちに食材全部を投入し、スイッチを入れるだけです。カレーなども、お昼前にスイッチオンしておけば、夜にはしっかりおいしいカレーが出来上がっています。

上手に使えば効果絶大でしょう。

真空保温調理器 シャトルシェフ

食材を煮て、沸騰したら数分で火を止め、真空の入れ物に入れておくだけの優れもの。

スロークッカーより短時間で調理ができます。

例えばお味噌汁を作った場合、すぐに食べるならいいのですが、ちょっと時間が空くと冷めてしまうためもう一度火にかけることになりますが、これに入れておくと時間が経っても熱々が食べられます。

しかも食卓に置いておかわりをしても、最初の熱さと同じ熱さで食べることができ、寒い冬などにずっと熱々のまま食べられ、重宝します。

この製品の良さは、ガスにしてもIHにしても、煮る時間が沸騰してから数分でいいということ。後は保温器に入れるだけですので、光熱費がかかりません。

昔お鍋を布や毛布でくるんで温めていた状態と同じですが、こちらは魔法瓶効果でスタイリッシュと言えます。私は二人家族ですので小さいものを1つ持っていますが、大きいものをもう1つ買おうかなと思っています。

洗うのも簡単で保温器も軽く、重たいのが苦手な方も大変重宝します。

時短、軽い、保温効果抜群、経済的。どれを取っても私向き。

ただスロークッカーもシャトルシェフも収納に幅を利かせます。かさばりますので今あるお鍋との兼ね合いも考えなければなりません。

導入するなら抜きも必要かと思います。よくよく考えてみないといけません。

私もずいぶん考えました。私の場合はちょうど1つお鍋がだめになったので入れ替えになりました。

ガスレンジ、ＩＨで普通に鍋として火にかけ数分で火を止め容器の中にいれると、しっかり中まで味がしみて数時間保温してくれます。特に冬には重宝します。このままテーブルに乗せ、おかわりしても最初と同じ熱さです。圧力なべのような効果があります。

3 整理整頓・収納

「身辺整理」でモノが減りましたね。それでは収納を考えていきます。

「モノは使うところに置く」

遠く離れたところに置くと、取りに行っても戻すのが面倒で戻さなくなります。

使う場所から最短の距離のところに置いてください。よく考えて決めていかないといけません。

探し物をしないために、いつも同じところに徹底して戻します。それができないと、モノが散らかってまた探し物をしなければならなくなります。

戻す訓練を繰り返し行います。面倒くさがらずに、徹底的に戻しましょう。

そのうち習慣づいてきます。

ただ、収納場所が物理的にしまいにくかったり、モノをどけたり部屋をいくつも開けたり、廊下の向こうだったりと難関を切り抜けなければ到達しないとなると、戻すことは難しくなってきます。

動線を考えて、場所選びは慎重に行いましょう。

そして必要なモノをひとまとめにして収納すると、必要なモノがバラバラにならず、一度に全部揃い、あちこち動き回らずに済みます。そして仕舞うのも楽になります。

木箱や紙箱、ビンなどを利用すると、お金もかからず、捨てる時もささっと捨てられるのでお勧めです。

「収納グッズを買って」……活用できればいいでしょうが、空き箱やビン等で十分きれいに収納できると思います。

自分と家族がわかる方法で、お金をかけずきれいに収納してみてもおもしろいと思います。

荷物の梱包グッズ

荷物を送る時に使う箱、袋、ガムテープ、送り状、ハサミ、ボールペン、マジックなどをまとめて入れた箱を用意します。

リビングで荷造りするのであれば、リビングにそれらを置いておきたいところですが、リビングに収納場所がない場合は、リビングに一番近い場所にそれらを収納しておきます。

我が家の場合は廊下の階段の下です。

廊下に出て箱を持ってきて、リビングで荷造りして、済んだらまたそのまま箱を階段の下にしまいます。これで荷物に送り状を貼るだけで、すぐに送ることができます。

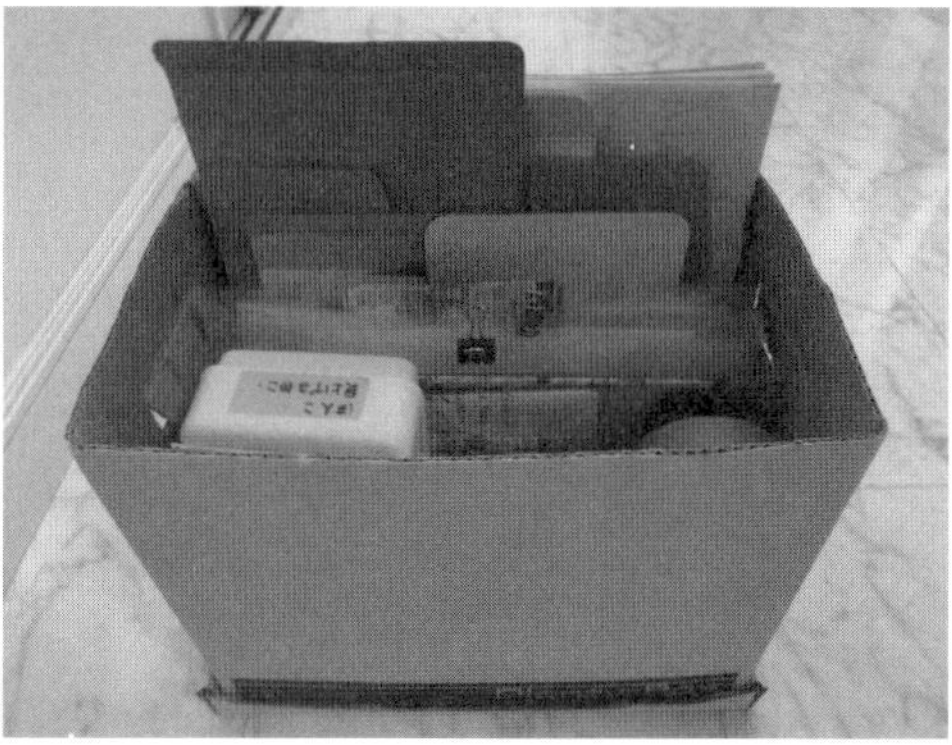

箱はいろいろ試しました。こちらの箱は100円ショップで買ったものです。箱の中身は、あると便利なビニールの袋・きれいな包装紙・ドイツでもらってきた新聞紙・宅急便の送り状・小さな箱類・紙袋・ガムテープ等々

食器棚のお茶グッズ

引き出しの中に、形もサイズもまったく同じビンを8つ入れています。コーヒーのビンです。

中身が一目でわかり、量もすぐにわかり、またコーヒーの蓋がプラスチックということで、握力のない私にとっては使いやすくて重宝しています。

紅茶、ほうじ茶、ハーブティー、麦茶のパック……。ビンには賞味期限を書いたマスキングテープを貼っています（マスキングテープが今までで一番扱いやすく思いました）。これらをできるだけ期限内に消費するようにしています。

私がいない時でもすぐにわかるので家族にも好評です。

プリンが入っていた小さなビンも便利です。蓋が実はプラスチックなので、使いやすいことに感激しました。形もまん丸ではなくて平面になっているので置きやすくて良かったです。

保存容器を買わずに、便利なコーヒーの瓶を活用しています。ほうじ茶など袋から出してこちらに入れると、中身がどれぐらいあるか一目瞭然。蓋さえきちっと閉めていれば保存力もバッチリです。コーヒーの瓶は、他にもまだまだ使える用途があります。

中身はゴマ、ブイヨンキューブです。ちょうどいい大きさで重宝しています。

ビンは利用価値大です。可愛いビンは捨てるのに躊躇します。

しかし、私の使えるビンは蓋がプラスチックというものに限定されますので、蓋が金属のものは処分することになって大変残念ですが、その代わり使えないとわかっているので、未練なくすぐに手放すことができます。

使えないモノを持っていても仕方がないので、欲しいという方にもらっていただけたら、こんなに嬉しいことはありません。

少し前に蜂蜜のビンが美しくて、本当に捨てるのが惜しかったのですが、泣く泣く「捨てます」宣言をしたところ、「欲しい」という方が現れて、可愛い空きビンははるかドイツへと海を渡っていきました。

「ちょうど欲しいもの」ってそうそうないですよね。ビンの口が広くて使いやすいものだったので、使ってくださる方が現れて良かったです。

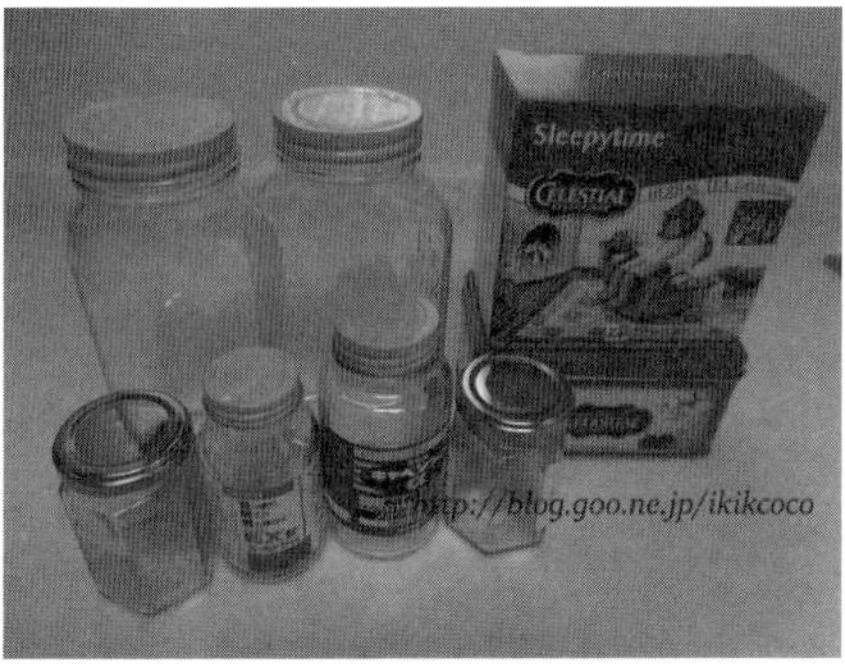

可愛いビンはたくさんあるけれど、蓋が缶のモノは私は使えず泣く泣くさよなら。そんな中、こちらのはちみつの可愛い空ビンがお嫁にもらわれて、ドイツでニンニクのはちみつ漬けに使ってもらえました。捨てるには本当に惜しいビンでしたので、よかったです。

ハンカチ（小さいもの、大きいものの区別）

おいちゃんのタオルハンカチは、２種類に分けて引き出しに入れています。１つには小さなタオルハンカチだけを入れています。もう１つには大きいタオルハンカチを入れています。大きさで分別しているのです。

こうしておくと、欲しいサイズの引き出しを開ければ、その時必要なハンカチをすぐに選ぶことができます。

今はまだ引き出しにラベルを貼らなくても覚えていられるのでラベルなしですが、どちらに入っているのか忘れるようになったらラベルを貼ろうと思います。

ラベルなしでずーっといけたらいいなと思っています。

この引き出しは半額で売っていたものです。以前は箱を使っていたのですが、引き出し式の方が棚を効果的に使えるのでこれにしました。結構入ります。

靴下（白いもの、黒いものの色別区分）

靴下入れは、白いもの用と黒いもの用の二つの引き出しに分けています。ハンカチはサイズで分けていますが、こちらは色で分けています。

白っぽい靴下を履きたい時は、白いほうの引き出しを開ければ、どれにするかすぐに決められます。

黒っぽい靴下を履きたければ、黒いほうの引き出しを開ければ、茶色や紺色、黒色の靴下が入っています。

そしてここに入るだけの数しか持たないようにしています。

1つだめになったらすぐに買い替え、数を増やさないようにしています。

以前はかごに靴下全部を丸めて入れていたのですが、それだといっしょくたになってしまい、探すのに時間も手間もかかっていました。色別にしたことで履きたいほうの引き出しを引っ張れば、すぐに履きたい靴下を決められるようになりました。

また、丸めるのではなく、1組の靴下をただ重ねてたたむだけできれいに収まります。丸めないのでゴムも伸びません。ゴムが伸びないので靴下も長持ちします。

数もこれだけあれば安心と思い、たくさんあった靴下も処分しました。処分にあたり、ただたくさんあっただけで本当はとっくに役目も終わったものもあり、少なくてもきちんと数を把握する方が、いざという時慌てず済むことがわかりました。

くつしたのたたみ方
①
2つに折る
②
3つに折る
③
完成
丸めない

テレビ台の下（救急箱）

テレビ台は、リフォームの時に作り付けにしてもらいました。寿司屋のカウンターのような、太くて立派な一枚板です。そこに右と左に引き出しを付けてもらいました。右の引き出しに、空き箱を利用して救急グッズを入れています。ここには腰痛などに貼る膏薬（シップ）や、ちょっとした傷などの救急用の絆創膏などを入れています。

私は、こういった収納グッズにはビンや箱を使っています。私たちが亡くなりこれらが必要なくなれば、ビンも箱もゴミとして心置きなく出してもらえます。

市の分別ゴミに出せてお金もかからないなら、それが一番です。

バンドエイド、湿布薬など主に外傷用のモノを入れています。湿布薬は肩こり、腰痛などお世話になることが多いので、ここに入れておくのが取り出しやすくて便利です。

取説

我が家では、家の設備（トイレ、玄関ドア、システムキッチン、洗面台、窓、換気扇、温水器など）の取扱説明書や、家電（トースター、電子レンジ、湯沸かしケトル、掃除機、洗濯機、ホットカーペット、電気ストーブ等）の取扱説明書は、すべてテレビ台の左側の引き出しに収納しています。

ここにはテレビやビデオの取扱説明書も一緒に収納しています。

ここはめったに開けることはありません。家電に不具合が生じた時には、この引き出しを開ければみんな揃っているので、すぐに対処できます。対処できない場合はメーカーさんに連絡します。

こうして他の書類とは別に取扱説明書だけをまとめておくと、すっきりします。

TV 台下の深い引き出しに横に立てて収納。
茶封筒には細かい説明書をまとめて入れています。
奥にはプレゼントしてもらった DVD を入れています。
あと、PC の外付けのハードディスクもいれています。

食事の時使うモノ

食事の時に、塩やコショウなどをキッチンまで立って取りに行くのが面倒なので、こぼれても大丈夫なプラスチックの容器に入れてひとまとめにしています。

ここには箸置きも入れています。箸を置くのに箸置きは必ず使います。どの箸置きにするかキッチンで考えるより、台の上でひらめきで使いたいものを選べるので、ここにあるのが私にとって便利です。

また、毎朝ヨーグルトに入れる蜂蜜も、一緒にしまっています。

1度テーブルに出して使ったら、キッチンカウンターの収納棚に戻します。できるだけ台所に行かずに済むようにと考えた案です。それまでは回転トレイに入れていたのですが、いちいちカウンターの棚の中でくるくる回して取るのも案外面倒なことで、こうして1度に出し入れするほうがどれだけ楽かしれません。

収納は、モノの出し入れがスムーズでなければいけません。自分に合った収納方法を見つけることも、楽しいことではないでしょうか。

上の写真左から
前列：はし置き・ふりかけ・七味とうがらし
後列：つまようじ入りビン・こしょう・塩・はちみつ

重要書類

重要書類の管理はおいちゃんの役割になっています。おいちゃんが仕事を辞める前は私がすべてやっていましたが、仕事を辞めてからは、彼がまとめ直し、きれいに分類し直してくれました。私がやるより丁寧でわかりやすくなりました。あれ？

・家の火災保険、地震保険の書類
・夫婦のがん保険、傷害保険の書類
・年金関係の書類
・お金関係の書類

本棚に、必要な書類をすべてファイリングしてしまってあります。中身は保険関係、年金書類など。すべて私とおいちゃんのものを別々にファイリング。別々にしておくことでさっと取り出して見つけることができるようにしてあります。私１人残ってもわかるように、と説明を受けています。

洗面台で使う歯ブラシ・歯磨き類

チューブの歯磨き、歯間ブラシなど、こんなビンに入れています。これは赤ちゃんの離乳食が入っていたビンです。「何かに使えないかな？」と考えていたら、ありましたよ。倒れずぴったりで、重宝しています。

孫が旅行時に食べた後のベビーフードのビン。愛らしくてこんな小さなビンが、ちゃんとお役に立っています。週に１回は洗ってピカピカにします。歯磨き粉も倒れず独り立ち。

ゴミ用のビニール袋入れ

袋に入れている方も多いかと思いますが、重みのあるビンだと中身がいっぱいになっても形が変わらず、意外とたくさん入ります。これにしてからは、袋を取り出す時イライラしなくなりました。

コーヒーのビン、我が家では一押しの収納グッズです。

ビニールは袋に入れると袋がどんどん幅を取るようになります。形が変わらない容器に入れればかさばりません。大きな袋は形の変わらない硬い箱の中。小さなビニール袋はコーヒーのビンに押し込んでいます。シンクの下の深い引き出しに入れていますので、上から取るかたちです。口が広くて取りやすいです。（わざわざ畳みません）

あとがき

本書は、『あした死んでもいい』シリーズの5作目になります。

原稿を書くたびに、暮らしのあり方をじっくり考える機会を頂いたように思います。

暮らしを考える時、そこには必ず人が登場します。ただ家の中をきれいにするというだけではなく、人が住みやすくするには、どんなことが大切なのか、何を大切にすればいいのかを、思いめぐらしてきました。

家族の幸せを思いながら、家族と共に暮らす家は宝物です。夫婦二人暮らしであっても、家族がいっぱいであっても、一人暮らしであっても、家の雰囲気が良く、心地よい暮らしが最良です。

自分の家をきれいにすること、心地よくすることです。

今回は「時間がないの！」というような、さっさとやり切りたい方のために書かせていただきました。

健康で、短い時間でやり遂げられる方、また「もうお年頃だからさっさと今のうちにやり切りたいの」という方にぴったりの、一気にやる「身辺整理」のやり方を、私の方法で書かせていただきました。

基本である〝抜き作業〟というところは、何ら変わりません。


日本人である私たちには、もともと茶室のような、がらんとした空間が向いているのではないでしょうか。部屋はふすまで仕切られ、ふすまを取れば大広間になり、水屋などは押し入れ、納戸の中……そういったがらんとしたモノのない暮らし。

そこまではできないとしても、あれもこれもと欲しがることをやめていけば、近づくことはできます。

生きていて良かった……という満足感は、モノではなく心の贅沢です。幸せとは、モノがたくさんあることではなく、逆にモノがないほうが、モノへの感謝の気持ちやありがたみが湧いてくるものです。

これから先、どんどん年を取って病気にもなりやすくなってきます。やがて今より目は見えにくく、耳も聞こえにくくなってきます。

モノを持ちすぎると、転倒したり探し物が絶えなかったりして、私たちの暮らしの邪魔になります。

モノを持ちすぎると身動きが取れません。少しでも早くそこから脱出して、どこへでも気楽に行ける身軽さを得たいですね。

今の暮らしを心地よくすることで、先の憂いや、不安は解消されます。元気なうちに、今だからできることを！　そんな思いで書かせていただきました。

この度も編集者の本田道生様並びにイラストレーターの伊藤ハムスター様、この本に携わってくださった多くの方々に感謝しております。

そして、この本を手に取ってくださったあなた様、ブログを読みに来てくださる読者様のお一人お一人に心からのお礼を申し上げます。

これからの人生、家族を大切に、自分を大切になさってくださることを切に願っております。

ごんおばちゃま

２０１８年６月吉日

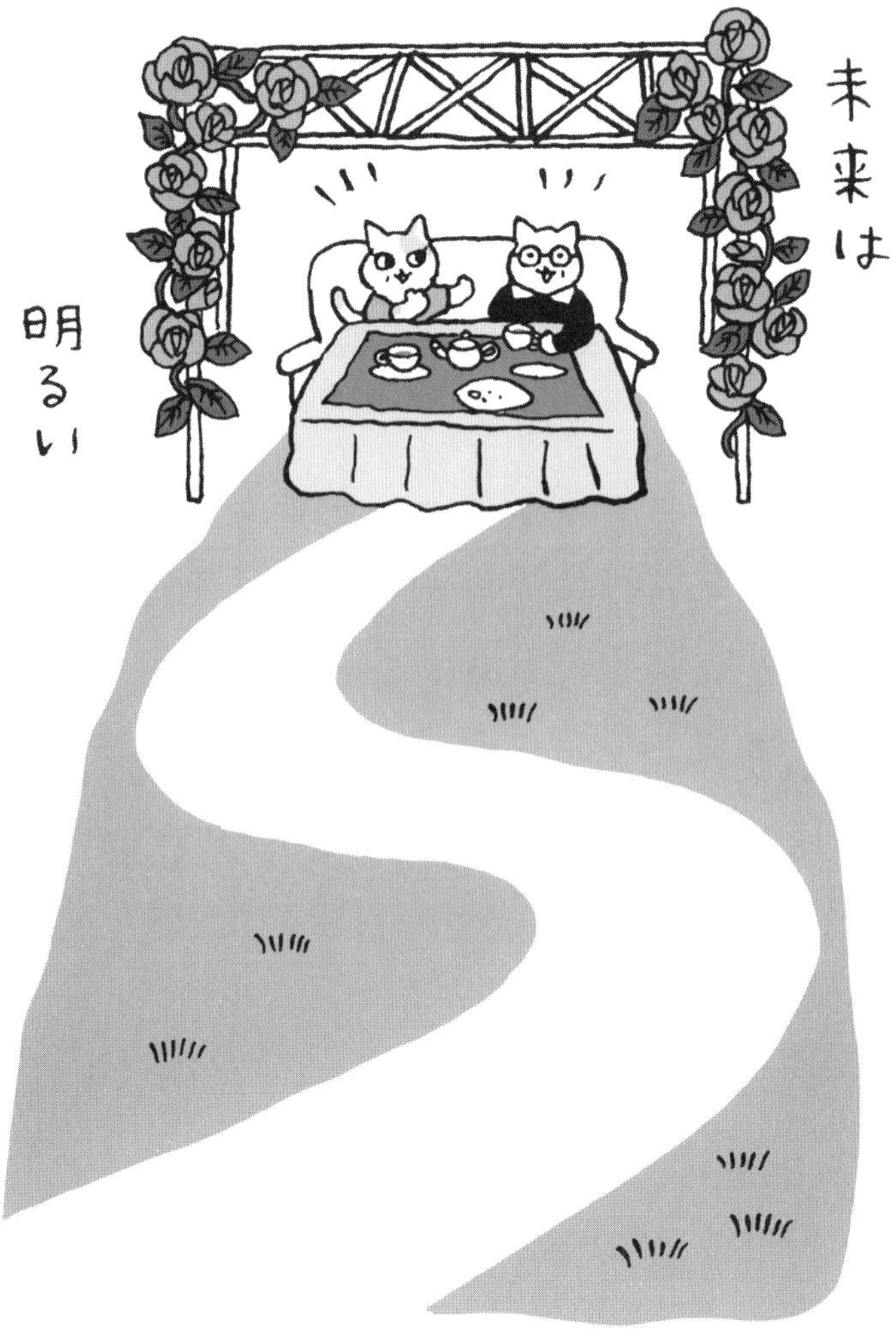
未来は
明るい

あした死んでもいい身辺整理
これからの暮らし

著者　ごんおばちゃま

2018年6月20日　初版第1刷発行

発行者　笹田大治
発行所　株式会社興陽館
東京都文京区西片1-17-8 KSビル
TEL：03-5840-7820
FAX：03-5840-7954
URL：http://www.koyokan.co.jp
振替　00100-2-82041

装丁　mashroom design
カバー・本文イラスト　伊藤ハムスター
校正　新名哲明
編集補助　稲垣園子＋斎藤知加＋島袋多香子
編集人　本田道生

印刷　KOYOKAN,INC.
DTP　有限会社天龍社
製本　ナショナル製本協同組合

ISBN978-4-87723-227-6 C0030

片づけの概念を変えたベストセラー・
シリーズ第一弾！

あした死んでもいい片づけ
家もスッキリ、心も軽くなる47の方法

ごんおばちゃま

本体 1,200円+税

ISBN978-4-87723-190-3 C0030

家も、お部屋も人間関係も、スッキリ片づければ、まわりの人に迷惑をかけないですし、自分の気持ちも軽くなります。

より具体的な
片づけノウハウを書いた書！

あした死んでもいい片づけ実践！
覚悟の生前整理

ごんおばちゃま

本体 1,200円+税

ISBN978-4-87723-194-1 C0030

生前整理が終わったらすぐ死ぬ、というわけではありません。この後の人生はきっと今より何倍も暮らしやすく穏やかな生き方になるはずです。

片づけのみならず暮らし全般を網羅!
暮らし哲学の神髄がこの一冊に

あした死んでもいい暮らしかた

ごんおばちゃま

本体 1,200円+税

ISBN978-4-87723-214-6 C0030

「身辺整理」してこれからの人生、身軽に生きる! こうすれば暮らしがすっきりする「具体的な 89 の方法リスト」収録。

「いつ死んでもいい暮らし方」でスッキリ幸せ!

デビュー作『すっきり幸せ簡単片づけ術』の
ヴァージョンアップ・リニューアル版！ この一冊で基本はOK

あした死んでもいい30分片づけ
【完本】すっきり！幸せ簡単片づけ術

ごんおばちゃま

本体 1,200円+税

ISBN978-4-87723-219-1 C0030

6年前に出版された『すっきり！幸せ簡単片づけ術』を、大幅リニューアル。新たに、和室や子供部屋、広縁、廊下、収納庫、納戸（屋根裏も含む）、などをプラスしました。

孤独を読む本

おしゃれなおばあさんになる本

田村セツコ

本体 1,388円+税
ISBN978-4-87723-207-8 C0095

年齢を重ねながらどれだけ美しくおしゃれに暮らせるか？ 79歳でますますかわいくおしゃれな田村セツコさんが書き下ろした「おしゃれ」や「生き方の創意工夫」の知恵！ イラストも満載です！

孤独をたのしむ本 100のわたしの方法

田村セツコ

本体 1,388円+税
ISBN978-4-87723-226-9 C0095

人は誰でもいつかはひとりになります。いつでもどんなときでも「ひとり」をたのしむコツを知っていたら、素敵だと思いませんか？ 80歳現役イラストレーターの田村セツコさんがこっそり教える「孤独のすすめ」。カラーイラスト16ページ！ 挿絵も満載です。

群れるな 寺山修司 強く生きぬく言葉

寺山修司

本体 1,000円+税
ISBN978-4-87723-218-4 C0095

「人は弱いから群れるのではない。群れるから弱くなるのだ。」自分は誰なのか？ 生きるってどういうことなのか？ あしたはどこにあるのか？ 若くして死ぬことを知りながら、47歳最後の瞬間まで生き抜いた寺山修司のベスト・メッセージ！

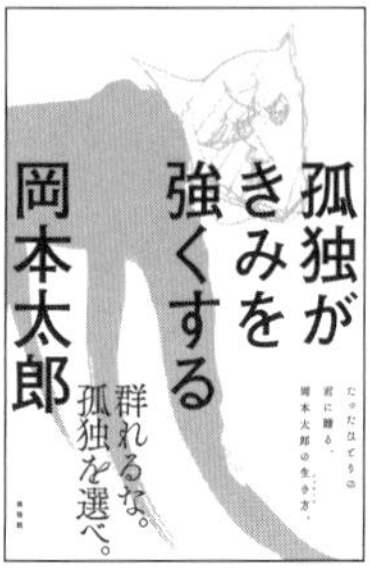

孤独がきみを強くする

岡本太郎

本体 1,000円+税
ISBN978-4-87723-195-8 C0095

群れるな。孤独を選べ。孤独はただの寂しさじゃない。孤独こそ人間が強烈に生きるバネだ。たったひとりのきみに贈る激しく優しいメッセージ。岡本太郎、最新生き方論。

老いを読む本

年をとっても ちぢまない まがらない

一日五秒、筋トレで背筋ピシッ!

船瀬俊介

本体 1,300円+税
ISBN978-4-87723-210-8 C0095

「背が縮む」「腰が曲がる」。あなたは老化現象だとあきらめていませんか? 本書のちょっとした工夫で、ヒザ痛、腰痛、脊柱管狭窄症も改善されます!

老人病棟

高齢化! こうしてあなたは〝殺される〟

船瀬俊介

本体 1,400円+税
ISBN978-4-87723-199-6 C0095

—10人に9人は病院のベッドで、あの世いき—
“高齢化社会の闇”の全貌を、反骨のジャーナリスト、船瀬俊介が徹底的にあばいた必読の書。

ホームレス川柳

野良猫が 俺より先に 飼い猫に

興陽館編集部 編

本体 1,100円+税
ISBN978-4-87723-197-2 C0092

ホームレス支援雑誌『ビッグ・イシュー』人気連載、ホームレス川柳が一冊の本になりました。切なくも、不思議に明るく突き抜けた言葉。路上から見上げた、人生はこんなに奥深い。

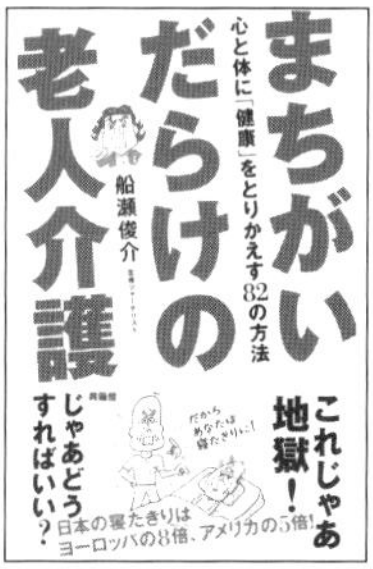

まちがいだらけの老人介護

心と体に「健康」をとりかえす82の方法

船瀬俊介

本体 1,400円+税
ISBN978-4-87723-216-0 C0095

なぜ、日本の寝たきり老人はヨーロッパの8倍、アメリカの5倍もいるのか?おかしな日本の介護を一刀両断!! 800万団塊世代よ目をさませ!「小食」「菜食」「筋トレ」「長息」「笑い」を現場に!

人生を読む本

死の準備教育

あなたは死の準備、はじめていますか

曽野綾子

本体 1,000円+税
SBN978-4-87723-213-9 C0095

少しずつ自分が消える日のための準備をする。「若さ」「健康」「地位」「家族」「暮らし」いかに喪失に備えるか？

曽野綾子が贈る「誰にとっても必要な教え」。

身辺整理、わたしのやり方

もの、お金、家、人づきあい、人生の後始末をしていく

曽野綾子

本体 1,000円+税
ISBN978-4-87723-222-1 C0095

モノ、お金、家、財産、どのように向きあうべきなのか。曽野綾子が贈る「減らして暮らす」コツ。

老いの冒険

人生でもっとも自由な時間の過ごし方

曽野綾子

本体 1,000円+税
ISBN978-4-87723-187-3 C0095

曽野哲学がこの一冊に。だから、老年はおもしろい。誰にでも訪れる、老年の時間を、自分らしく過ごすための心構えとは。人生でもっとも自由な時間である「老いの時間」を、心豊かに生きるための「言葉の常備薬」。

流される美学

曽野綾子

本体 900円+税
ISBN978-4-87723-193-4 C0095

人間は妥協する以外に生きていく方法はない。人間には変えられない運命がある。この運命の不条理に、流されて生きることも一つの美学。60年間以上、人間を見つめてきた作家の究極の人間論。